«Miles de
personas
han sobrevivido
sin amor,
ninguna sin agua».

W. H. AUDEN

Los conflictos del agua

EDITORIAL ROSAMERÓN

Los conflictos del agua

EL GRAN RETO GEOPOLÍTICO
DE LOS PRÓXIMOS AÑOS

JAVIER DEL VALLE

Derechos exclusivos de la presente edición en español
© 2025, editorial Rosamerón, sello de Utopías Literarias, S.L.

Los conflictos del agua
Primera edición: octubre de 2025
© 2025, Javier del Valle

Imagen de las páginas 10 y 11: *Pesca en el mar de Aral*, grabado en madera, publicado
en 1897 © ZU_09 / iStock
Fotografías de las páginas 91, 134, 184 y 189: © Javier del Valle
Mapas y gráficos de las páginas 89, 102, 124, 130, 136, 146, 154, 160, 168, 181, 186, 199, 204,
208, 214 y 235: © J. Mauricio Restrepo
Fotografía de la página 135: Unidad de Ciencias de la Tierra y Teledetección,
Centro Espacial Johnson de la NASA / Wikimedia Commons
Fotografías de la páginas 140 y 192, generadas con ChatGPT a partir de imágenes
de bbc.com y terra.org
Fotografía de la página 177: © Maxisheng18 / Wikimedia Commons
Mapa de la página 177: Wikimedia Commons
Fotografía de la página 190: © Milei.vencel / Wikimedia Commons
Fotografía de la página 197: © Theskieshface0 / Wikipedia Commons

ISBN (papel): 979-13-990293-6-9
ISBN (ebook): 979-13-990293-7-6
Depósito legal: B 15068-2025

Diseño de la colección, cubierta e interior: J. Mauricio Restrepo
Compaginación: M.I. Maquetación, S.L.
Impresión: Romanyà Valls
Impreso en España — *Printed in Spain*

Indicación de riesgos o advertencias de seguridad (GPSR):
Correo electrónico de contacto: editorial@rosameron.com
https://rosameron.com/seguridad-gpsr.txt

Gracias por comprar una edición autorizada de este libro y por tanto respaldar a su autor
y a editorial Rosamerón. Te animamos a compartir tu opinión e impresiones en las redes
sociales; tus comentarios, estimado lector, dan sentido a nuestro trabajo y nos ayudan a
implementar nuevas propuestas editoriales.

editorial@rosameron.com
www.rosameron.com

*A mi familia y amigos por su apoyo incondicional,
a los que me lo han puesto difícil porque gracias
a ellos me he superado.*

Índice

Tercera parte
Los futuros del agua

Prefacio

RECUERDO QUE PASÉ MI NIÑEZ EN UN PEQUEÑO PUEBLO en el que la única fuente de agua era un estupendo manantial localizado en la parte baja del mismo. De él brotaba sin cesar agua limpia y fresca, incluso en verano, que salía de la roca a borbotones. Ese lugar tenía magia y un atractivo especial para mí. ¿Por qué tanta agua y siempre la misma cantidad? ¿De dónde venía? ¿Cómo podía viajar a través de la roca?

Esa fuente, de la que bebían personas y ganado, era además un lugar de encuentro, de juegos, y casi el alma del pueblo, que en parte tomaba su nombre de ella, pues Fuentemolinos no se entiende sin su fuente. Tras ese precioso manantial se formaba un arroyo que descendía entre huertos y choperas generando un hilo verde de frescor y fertilidad. Esa agua también movía molinos, permitía regar manzanos, tomateras, patatales, calabazas y un sinfín de alimentos ricos que aportaban variedad a la alimentación.

Todas las familias del pueblo tenían que acudir a ella, bajando una considerable cuesta que después había que ascender con los pesados cántaros a cuestas para beber, lavarse, cocinar o fregar, pues todavía no había llegado el agua corriente a las casas.

Cuando mis padres decidieron trasladarse a Zaragoza, descubrí con asombro que en los pisos de la gran ciudad había en varios puntos unos aparatos que, convenientemente utilizados, aportaban agua de forma constante sin tener que salir de la vivienda. Enseguida comprendí que aquello era en parte lo que llamaban «progreso» y que hacía la vida más cómoda, pues el acceso cotidiano al agua ya no requería tanto esfuerzo. Ahora estaba al alcance de un pequeño movimiento y, además, parecía no acabarse nunca.

Sin embargo, también descubrí que en la ciudad no había lugares mágicos de los que brotaba agua, ni conversaciones en torno al manantial, y que la mayor parte de las personas no eran conscientes de la importancia de este elemento, por mucho que protestaran y se echaran las manos a la cabeza cuando de vez en cuando había un corte del suministro.

Con el tiempo constaté que nuestra sociedad de la abundancia ignora —probablemente por desconocimiento— que el agua está presente en todos los aspectos de nuestra vida, y cuando escribo «todos» son todos, desde el mismo momento en que encendemos el interruptor de la luz para levantarnos y nos hacemos el desayuno hasta el transporte que usamos para ir a trabajar, incluso en las consultas que hacemos en nuestro teléfono móvil para leer las últimas noticias del día. Asimismo, he ido descubriendo que muchos de los lugares que consideramos hermosos, atractivos y bellos están relacionados con el agua, por la presencia de ríos limpios, cascadas, orillas amables, lagos, etc. El agua no solo satisface necesidades, sino que también crea belleza, genera paisajes hermosos, aporta biodiversidad, previene enfermedades y así hasta una lista interminable de beneficios.

En mis viajes por el mundo he comprobado que el abastecimiento cómodo, asegurado y garantizado del que disfrutamos
en Occidente no es algo común: millones de personas tienen
problemas para conseguir agua en buen estado, o directamente les resulta imposible. Muchas ciudades, incluso importantes
capitales de países, no ofrecen a sus habitantes agua potable;
la tienen que potabilizar de alguna manera, con un elevado
riesgo de contraer enfermedades si no lo hacen de forma adecuada. Muchos manantiales están contaminados por diferentes motivos, por lo que no es nada recomendable beber directamente «a morro» o metiendo la cabeza en el agua, tal y como
solía hacer en mi infancia. Millones de personas tienen que
desplazarse cada día muchos kilómetros para conseguir un
caldero de agua, abandonando para ello otras actividades básicas, como ir a la escuela, jugar o cuidar de la familia.

Es cierto que cada vez hay más conciencia de la enorme
importancia del agua para cualquier actividad, y tanto los ciudadanos como los estados de todo el mundo lo saben. Este
hecho abre un escenario de incertidumbres entre la colaboración para intentar satisfacer las necesidades de todos, afectando lo menos posible a la calidad ambiental del medio hídrico,
o utilizar la fuerza de manera más o menos evidente para satisfacer las necesidades propias ignorando las ajenas.

Tenemos ejemplos de ambas realidades, y en las páginas
que siguen vamos a desarrollarlos.

Introducción

¿Se entiende la vida sin agua?

Solo puede haber una respuesta a esta pregunta: no.

El agua, tal como la conocemos en sus tres estados (líquido, sólido y gaseoso), forma parte en elevados porcentajes de la mayoría de los seres vivos de nuestro planeta, y sus propiedades la convierten en un elemento único.

En primer lugar, puede disolver en mayor o menor medida muchos de los elementos químicos presentes en la Tierra y es inerte, lo que significa que, una vez que son retirados del agua, incluso siendo tóxicos, esta no cambia su composición y puede volver a ser utilizada. Esta capacidad de dilución universal, unida a la capilaridad, permite que los nutrientes presentes en el suelo asciendan hasta las hojas de las plantas (incluso hasta muchos metros por encima de sus raíces), donde, al recibir la luz del sol, se produce la fotosíntesis y la consiguiente fabricación de alimento. Así, con agua, más nutrientes y energía del sol, se generan hidratos de carbono (alimento primario), se desprende oxígeno y se fija dióxido de carbono en los tejidos de las plantas.

Asimismo, el agua tiene la propiedad de hacerse más densa a medida que se va enfriando, como los demás fluidos, pero, en su caso, hasta que llega a los 4 grados; por debajo de esta medida, empieza a ser menos densa, lo cual genera un fenómeno trascendental: el hielo flota, pues es menos denso que el agua entre los 4 y los 0 grados. Al flotar el hielo de un río, un lago o un mar congelado, debajo queda masa sin congelar en la que se sigue desarrollando la vida, algo que sería imposible si el hielo fuera más denso que el agua sin congelar, pues se precipitaría al fondo, generaría una congelación de abajo arriba de toda la masa de agua y acabaría con la vida de todos los seres vivos. Al ocurrir lo contrario, ascienden masas de agua del fondo por sustitución, rompiendo así la estratificación térmica y provocando una renovación de la columna de agua y la llegada de nutrientes del fondo a las capas superficiales.

El agua tiene un papel fundamental en la salud y el bienestar de cualquier ser vivo cuando se da un equilibrio entre entradas y salidas. En el caso del ser humano, permite la absorción de alimentos y la eliminación de residuos, así como la refrigeración de nuestro cuerpo. El agua que entra en él directamente está en torno a 1,5 litros al día, y un litro más formando parte de los alimentos (especialmente, la fruta y la verdura), aunque estas cifras pueden y deben incrementarse en situaciones de altas temperaturas o intenso ejercicio físico. La salida se produce principalmente a través de la orina (1,5 l), las heces (0,1 l), la respiración (0,3 l) y la transpiración de la piel (0,5 l); estas cifras, como en el caso de las entradas, varían sustancialmente en las situaciones antes indicadas.

Si se rompe este equilibrio, bien por exceso de salidas, bien por falta de entradas, se llega a una situación de deshidratación que puede provocar calambres musculares, mareos e incluso arritmias; también disminuye la eliminación de orina, lo que aumenta la concentración de toxinas, se alteran algunas funciones cerebrales que pueden provocar confusión, somnolencia e incluso convulsiones, todo ello en una situación general de debilidad, fatiga y disminución de la concentración y la capacidad de tomar decisiones. La piel se seca y disminuye la producción de lágrima y saliva. Una intensa deshidratación provoca destrucción de células, especialmente del cerebro, y en casos extremos lleva a la muerte.

En consecuencia, beber agua suficiente es esencial, muy especialmente en grupos de población como los deportistas, las mujeres lactantes o los ancianos (en los que disminuye la sensación de sed, por lo que tienden a beber menos de lo que necesitan). El consumo abundante además es bueno para disminuir enfermedades como la cistitis, la nefritis o la acumulación de piedras en el riñón, y ayuda a prevenir otras como la diabetes hiperglucémica, la gota, la obesidad o el exceso de colesterol.

Por otra parte, ni la higiene personal ni la limpieza del hogar tampoco se conciben sin agua, pues a ello se destina buena parte de los aproximadamente 150 l/día que demanda un ciudadano de un país desarrollado (solo hay que sufrir un corte o una avería en el suministro para ser conscientes de ello). Sin olvidar las actividades de ocio y terapéuticas que dependen de ella (piscinas, actividades acuáticas al aire libre, balnearios...).

El ciclo del agua, esa maravillosa maquinaria

El ciclo del agua es un extraordinario y complejo mecanismo que reparte precipitaciones por todo el planeta (aunque de manera desigual, como veremos) cuyo motor es la energía del Sol, gracias al cual en la Tierra hay una temperatura adecuada para que el agua pueda estar en sus tres estados; además posibilita la evaporación, la generación de áreas de alta y de baja presión y los vientos que compensan estas diferencias, lo que permite que el agua se mueva y se distribuya llegando hasta el último rincón del planeta (incluso en el lugar más seco que podamos imaginar, como el desierto más desierto o el corazón de la Antártida). Esta increíble maquinaria está en permanente funcionamiento, nada la puede parar ni la puede sustituir, y gracias a ella el agua es un recurso renovable.

Una gran parte del agua del planeta está en los océanos y los mares, que cuentan con diferentes niveles de salinidad en función de factores geográficos como la latitud, la climatología de la zona, las corrientes o la morfología de la masa de agua. El ciclo ascendente comienza con la evaporación de grandes cantidades que se reparten por toda la atmósfera mediante la circulación general atmosférica (complejo sistema de anticiclones, borrascas y vientos). Cuando este vapor se disemina por la troposfera (la capa más baja de la atmósfera, con una altura de entre 8 y 13 km), lo hace de forma desigual: más abundante en las capas bajas y más escasa en las altas, más abundante en las zonas próximas a mares y océanos y más escasa en las áreas de interior alejadas de estos.

Este vapor precipita fundamentalmente cuando se da una convergencia de masa de aire de diferente procedencia en la superficie terrestre. Como resultado, se forma una borrasca que, al ascender, genera un enfriamiento adiabático, la condensación del vapor y su precipitación a la superficie terrestre en forma de lluvia, nieve o granizo. Así comienza el ciclo descendente del agua. Una parte de dicha precipitación se infiltra en la tierra y forma los flujos subterráneos; la otra circula por la superficie (escorrentía) y crea los arroyos y los ríos, que se organizan en forma de red fluvial para que buena parte de estos caudales regresen de nuevo al mar. Una parte de estos caudales superficiales también se evaporan directamente o son evapotranspirados por la vegetación, incorporándose así al ciclo ascendente del agua, que alimentará futuras precipitaciones. En este caso hablamos de «agua verde», fundamental para el sustento de bosques, praderas, tundras, estepas y un enorme mosaico de formaciones vegetales de enorme valor ambiental y paisajístico, así como para el sustento de los cultivos de secano y de los pastizales que aprovecha el ganado, por lo que su importancia para la alimentación humana es enorme.

Puede ser que alguno de estos ríos no llegue al mar, sino que aporte su caudal a lagos interiores sin salida. En estos casos hablamos de cuencas endorreicas en cuyos lagos se produce la evaporación de forma idéntica a como ocurre en los océanos y en cuantías que variarán según la climatología de la zona. En su circulación superficial, los ríos y los arroyos disuelven pequeñas cantidades de sales presentes en el suelo; estas llegan a los mares, los océanos o los lagos interiores, pero no se evaporan, sino que se quedan en ellos de manera acumulativa, lo que explica la elevada concentración de sal en los mares y en la mayor parte de los lagos endorreicos, y que en función del caudal recibido y su climatología serán permanentes, como el mar Caspio, o temporales, como muchos del norte de África o Sudamérica.

Las aguas que se infiltran y se convierten en subterráneas también tienen un flujo más o menos rápido (según las características geológicas de la zona) hacia los mares y los océanos. Este recorrido con frecuencia combina tramos subterráneos con otros superficiales, pues las aguas superficiales y las subterráneas están muy interconectadas. Es habitual que los flujos subterráneos salgan a la superficie en forma de fuentes o manantiales cuando encuentran en su recorrido alguna capa impermeable. También es normal que los flujos superficiales se infiltren al llegar a litologías permeables como las rocas calcáreas o arenas y gravas, alimentando así los acuíferos. Esta conexión hace que en ciertas zonas los acuíferos alimenten y mantengan las aguas superficiales mediante manantiales y que en otras sean estas las que, al infiltrarse, aporten caudales a aquellos.

Todas las aguas superficiales y subterráneas terminan en los mares y los océanos (salvo las de las cuencas endorreicas y las que se evaporan en su recorrido), y todas, tarde o temprano, vuelven a evaporarse, de forma que siempre hay agua en la atmósfera para poder precipitar.

Cuantificar estos procesos es muy complicado, pero según Naciones Unidas (2003), la precipitación anual sobre las tierras emergidas es del orden de 115.000 km³; de estos, unos 45.000 km³ constituyen el caudal (superficial y subterráneo) de los ríos, y los 70.000 restantes se evaporan o son evapotranspirados por la vegetación. Empezamos a hablar de cifras ingentes, difíciles de imaginar.

El ser humano siempre ha tratado de intervenir en el ciclo hidrológico descendente para cubrir sus necesidades mediante tecnologías convencionales como la construcción de presas, la derivación de caudales mediante canales y acequias, o el aprovechamiento de aguas subterráneas con pozos o bombeos (las llamadas «aguas azules»), que en su conjunto hemos visto incrementarse en los últimos años. Sin embargo, tiene poca capacidad de intervención en el ciclo ascendente del agua, aunque los intentos por alterarlo son numerosos, especialmente para evitar la precipitación de lluvia o granizo en momentos o lugares en los que no interesa, o bien para favorecerla y así acelerar el comienzo del ciclo descendente. De momento la capacidad de hacerlo es limitada. Hoy en día, más de cincuenta países reconocen tener programas de modificación artificial del tiempo (Aemet, 2024), y algunos como China y Estados Unidos anuncian —aun siendo secretos— que son muy poderosos y que tienen previsto adaptarlos a sus necesidades (*El Confidencial*, 2024). Estos planes han provocado la protesta de algunos países vecinos, como India respecto a China, uno de los muchos puntos en los que vamos a encontrar conflictividad y discrepancia de intereses en torno al agua.

No sabemos hacia dónde evolucionarán estas tecnologías en el futuro, pero de momento la intervención del ser humano se centra fundamentalmente en el ciclo descendente mediante captación de caudales en ríos, almacenamiento en embalses, utilización de aguas subterráneas, etc., todo ello para satisfacer las necesidades sociales de agua, como se analizará más adelante.

Primera parte

Los recursos del agua

1

¿Cómo se comporta el agua?

Los ecosistemas fluviales

Un río es algo mucho más complejo y hermoso que un lugar por donde pasa el agua. Un río es, en realidad, un ecosistema fluvial.

Un ecosistema es un conjunto complejo y en constante cambio formado por los seres vivos o «medio biótico» (plantas, animales, hongos y microorganismos) y el entorno físico o «medio abiótico» (agua, suelo, aire y luz solar) en un área determinada y con fuertes interrelaciones entre ellos, que incluyen el flujo de energía y el ciclo de nutrientes, lo que permite que los organismos se mantengan y se desarrollen dentro de ese sistema. La entrada de energía solar, mediante la fotosíntesis, permite la generación de producción primaria en cualquier ecosistema tanto terrestre como marino.

Desde un punto de vista lineal, la complejidad de los ecosistemas formados por los ríos se manifiesta en la diferencia entre los tramos alto, medio y bajo. En el tramo alto, los caudales suelen ser escasos, las aguas son frías y rápidas (aunque con enormes diferencias según la topografía y el clima de la zona) y dominan los procesos de erosión en el cauce. A medida que van recibiendo afluentes de diferente magnitud, el caudal va incrementándose, de forma que en los tramos medios es superior, la pendiente es menor, las temperaturas de las aguas aumentan y en alguna zona se produce la erosión, pero también la sedimentación. El proceso se intensifica aún más en los tramos bajos, donde la sedimentación permite incluso que en algunos casos se formen deltas por deposición de materiales, y en otros, bancos de arena en los estuarios. En los tramos bajos, y a veces en los medios, al ser menor la pendiente del río, con frecuencia se generan meandros y, por tanto, procesos de erosión en las márgenes cóncavas y de sedimentación en las convexas. Todo ello evidencia claramente el dinamismo y la enorme variedad de los ecosistemas fluviales de nuestro planeta.

Veamos a continuación los principales componentes de los ecosistemas fluviales en el medio abiótico.

En primer lugar tenemos el cauce, que es por donde acostumbra a discurrir el agua tanto de manera continua como discontinua (como es el caso de los barrancos o las ramblas, frecuentemente secos). Suele presentar multitud de formas, profundidad y anchura variables, presencia de acumulaciones de sedimentos, playas de grava, orillas escarpadas, etc. Cada uno supone pequeños microhábitats para diferentes especies animales y vegetales, pero casi siempre es rico en sedimentos de diferente tamaño, previamente erosionados y luego arrastrados hasta el cauce, donde las aguas los transportan y remueven, especialmente en momentos de abundante caudal.

Se plantea un problema muy serio a la hora de delimitar el cauce, pues la cantidad de agua circulante en un río es muy variable a lo largo del año como consecuencia de las precipitaciones o la nieve fundida, que generan periodos de aguas altas y de aguas bajas (estiajes). ¿Con qué criterio delimitamos el cauce? No es sencillo responder a esta pregunta. De hecho, en España la respuesta es de tipo legal, según el texto refundido de la Ley de Aguas, aprobado por el Real Decreto Legislativo 1/2001, de 20 de julio. En este texto, el cauce se refiere a la parte del terreno ocupada por las aguas en sus máximas crecidas ordinarias. La siguiente duda es evidente: ¿qué se consideran crecidas ordinarias? Y aquí la respuesta también es de tipo legal. El artículo 4 de la Ley de Aguas establece que el caudal de la máxima crecida ordinaria es la media de los máximos caudales anuales, en su régimen natural, producidos durante diez años consecutivos, que sean representativos del comportamiento hidráulico de la corriente. Por lo tanto, el cauce es la zona cubierta por el caudal durante la máxima crecida ordinaria, algo que se establece mediante cálculos hidrológicos de cierta complejidad. Cuando nos acercamos a un río y vemos el agua discurrir por su cauce, no es fácil identificar cuáles son sus límites, lo que puede dar lugar a conflictos con ciertos usos del espacio, asentamientos, etc.

Las crecidas cuya amplitud excede a las ordinarias que delimitan el cauce se denominan extraordinarias, y en ese caso ocupan lo que la llamada «llanura de inundación». Este elemento no es cauce, pues ya lo hemos definido, pero sí que conviene señalarlo, pues la mayoría de los ríos, en sus tramos medio y bajo, cuentan con llanuras de inundación más o menos extensas. Normalmente son terrenos fértiles, bastante aprovechables para la agricultura, en los que también suelen desarrollarse otras actividades (granjas, infraestructuras, pueblos y ciudades). Estas inundaciones extraordinarias ocurren de manera esporádica y muy variable, pero cuando se producen, pueden generar daños de diferente cuantía en las zonas afectadas. La gravedad no solo depende de la intensidad y la extensión de la inundación, sino también de la exposición, la vulnerabilidad de las actividades y los asentamientos, la capacidad de advertencia y de respuesta ante la alarma o la concienciación social ante el peligro, entre otros factores.

Otro de los componentes de un ecosistema fluvial es el caudal, es decir, la cantidad de agua que discurre por el cauce, que varía a lo largo del año. El reparto medio se denomina «régimen fluvial» y está determinado fundamentalmente por dos factores: el clima de la cuenca, que provoca lluvias más abundantes en unas estaciones y menos en otras; una mayor o menor evaporación según las temperaturas; y la topografía, que puede hacer que parte de las precipitaciones sean en forma de nieve, lo que genera retención en los meses fríos con la consiguiente disminución de agua circulante, y la fusión cuando suben las temperaturas, con una mayor aportación de agua a los cauces.

Existen numerosos tipos de régimen fluvial en los ríos del mundo según la combinación de los factores señalados. A modo de ejemplo, los ríos de la zona mediterránea suelen tener caudales elevados durante las estaciones lluviosas (primavera y, especialmente, otoño) y estiajes a veces bastante marcados en verano por la disminución de las precipitaciones medias y la elevada evaporación por las altas temperaturas. En invierno, si parte de la cuenca recibe importantes precipitaciones en forma de nieve, el caudal disminuye por retención, aumentando claramente durante los meses de primavera (como es el caso del río Ebro). Por el contrario, si no existen áreas montañosas con importante acumulación de nieve, el caudal invernal dependerá de las lluvias medias caídas (tal es el caso del Guadiana o el Tajo).

Además de la cantidad de agua, hay otros factores como son la temperatura, la turbiedad o la salinidad que varían entre los diferentes tramos del río y las estaciones del año.

Mantener caudales mínimos es fundamental para su conservación, por lo que el reparto del agua, entre sus funciones ambientales y las demandas sociales, puede ser una fuente de conflicto, especialmente en periodos de escasez.

Por último tenemos el acuífero. Aunque no lo veamos, la mayoría de los ríos cuentan bajo su cauce, e incluso bajo su llanura de inundación, con una masa de agua subterránea de tamaño y volumen variables. Se trata de una formación geológica capaz de mantener agua infiltrada. Los acuíferos fluviales suelen estar formados por litologías permeables arrastradas por el propio río, como gravas y arenas. Estas aguas subterráneas están conectadas con los caudales circulantes por el río, de forma que este las alimenta, pero en periodos de bajo caudal el acuífero también aporta agua al río, por lo que se establece un sistema de regulación mutua.

Por lo que respecta al medio biótico, dos son los elementos más importantes del ecosistema fluvial. El primero de ellos corresponde a los seres que viven en las aguas y en el cauce cubierto por ellas. Son muy abundantes y se clasifican principalmente en:

- Microorganismos, bacterias, hongos y pequeñas algas.
- Macrófitos o algas de mayores dimensiones: son los principales productores primarios.
- Macroinvertebrados y meiofauna: muy abundantes en los lechos de grava a lo largo de todo el recorrido.

- Peces: hay numerosas especies piscícolas fluviales de diferente tamaño adaptadas a las condiciones de los distintos ríos del mundo.

El segundo elemento son los bosques de ribera, de notable valor ambiental pues protegen las orillas de la erosión, ayudan a la depuración natural de las aguas y sirven de asentamiento a numerosas especies de animales.

Las riadas

Aunque con frecuencia se presenta a las riadas como eventos catastróficos, en realidad forman parte del ecosistema fluvial al activar una serie de funciones básicas para su dinámica, como rejuvenecer los bosques de ribera, movilizar sedimentos y nutrientes, y aportar limos a las tierras inundadas, aumentando su fertilidad.

En nuestro país son frecuentes las riadas de generación muy rápida, a veces casi instantánea, en los ríos de la vertiente mediterránea, especialmente los que cuentan con cuencas pequeñas o medianas. Muchos de estos cauces están secos o casi secos durante buena parte del año, pero cuando llegan las lluvias, que en ocasiones tienen carácter torrencial (especialmente en otoño), se desaguan grandes cantidades en poco tiempo que arrastran lodo, maleza y casi todo lo que encuentran a su paso, provocando daños materiales y, en alguna ocasión, desgracias personales. Los grandes ríos de la vertiente atlántica y el Ebro (que, aun siendo un río mediterráneo, dispone de una cuenca amplia y climas muy variados) no están exentos de riadas, pero suelen generarse más lentamente, como consecuencia de lluvias mantenidas durante días y a la fusión de la nieve. El crecimiento de su caudal suele ser progresivo, a veces se prolonga durante varios días hasta alcanzar el máximo nivel, lo que da tiempo a los organismos competentes de avisar a la población, por lo que las inundaciones que provocan no son tan catastróficas y es menos habitual que ocurran desgracias personales.

Los medios de comunicación a menudo recogen la petición de limpiar los cauces que realizan las poblaciones afectadas con más frecuencia por las inundaciones; el objetivo es profundizar el cauce eliminando sedimentos y aumentando su capacidad de drenaje. Estas peticiones suelen achacar la inundación a que los cauces están «sucios», pero ya hemos señalado que los sedimentos forman parte de los cauces y, por lo tanto, del ecosistema fluvial, y que su presencia es natural e inevitable. Es preciso aclarar que eliminar los sedimentos no es limpiar el cauce. Limpiar el cauce es eliminar la basura, los restos de obras y de cualquier tipo de suciedad ajena al ecosistema fluvial. Eliminar los sedimentos para aumentar la capacidad de drenaje se denomina «dragar» y tiene unas consecuencias ambientales que es necesario analizar.

Cuando se realiza un dragado, se destruye la morfología natural del cauce, se rompe su equilibro longitudinal y transversal, se elimina la vegetación enraizada en el fondo y, en consecuencia, se destruyen especies animales y vegetales, bien de forma directa, bien indirecta eliminando sus hábitats, lo cual daña gravemente algo tan complejo como el ecosistema fluvial. Este es el motivo de que las asociaciones ecologistas rechacen dicha medida, y por ello se entra en controversia con la demanda de las poblaciones afectadas, que presionan a la Administración para que lleven a cabo estas obras.

Tras un dragado, el río comienza el proceso de regeneración natural, pues una de las características de estos ecosistemas es su enorme dinamismo. En poco tiempo el hueco dejado por el dragado será rellenado de nuevo por sedimentos, especialmente en periodos de caudal abundante, por lo que el dinero invertido, que no suele ser poco por el elevado coste de las obras, no habrá servido de casi nada, y en la siguiente riada la situación no habrá cambiado mucho.

Podemos concluir, entonces, que llevar a cabo grandes obras de dragado en tramos largos, además de caro, es ineficaz y sobre todo muy dañino para la buena salud del ecosistema fluvial. No obstante, sí son justificables —y, en algunos casos, necesarios— dragados puntuales en lugares próximos a zonas habitadas en riesgo de inundación, pues la seguridad de la población ya asentada ha de ser una prioridad. Estos dragados deben contar con las necesarias garantías ambientales y la vigilancia posterior para evitar una falsa sensación de seguridad, pues, como hemos señalado, su periodo de utilidad es limitado.

Las riadas también son fuente de conflicto por el uso del suelo, pues, como ya hemos comentado, en los cauces y las llanuras de inundación abundan las actividades humanas que se pueden ver afectadas por estos episodios de caudal abundante. Tras una riada es frecuente que los afectados reclamen a los organismos correspondientes por los daños sufridos, alegando falta de infraestructuras de protección, mala gestión de los embalses, falta de información, etc.

Nuestro país tiene un historial interminable de riadas catastróficas, especialmente dañinas en la vertiente mediterránea debido a las «inundaciones relámpago». Podemos resumir en dos las circunstancias especiales que las generan.

Por un lado tenemos las precipitaciones torrenciales concentradas en pocas horas en situaciones de gota fría (actualmente denominadas «depresiones aisladas en niveles altos» o DANA). Se trata de la acumulación de aire frío en los niveles altos de la atmósfera (puede llegar a -24 grados a 5.000 metros). Si coincide con aire cálido y húmedo en las capas bajas, que es la situación habitual en los meses de otoño en los que el Mediterráneo todavía está cálido al almacenar calor del verano debido a la inercia térmica, se genera un fuerte gradiente vertical que facilita la formación de grandes sistemas nubosos y lluvias intensas. Si los vientos circulan del mar a la tierra, el aporte de humedad todavía refuerza las lluvias y las prolonga en el tiempo.

Por otro, las cuencas hidrográficas de tamaño pequeño o mediano con zonas montañosas cercanas a la costa. En las áreas montañosas, las precipitaciones suelen ser muy intensas, la inclinación de las laderas concentra en poco tiempo la escorrentía en los cauces secundarios y de allí a los principales. El resultado son las mencionadas inundaciones relámpago, que en muy poco tiempo pueden cubrir las llanuras próximas a los ríos. Si en ellas se localizan infraestructuras no compatibles con la inundación, como áreas residenciales, comerciales o industriales, los daños humanos y materiales pueden ser cuantiosos.

En nuestro país, las inundaciones de este tipo son el mayor riesgo de catástrofe natural y el que más víctimas ha causado a lo largo de la historia, por lo que es necesario tener en cuenta algunas recomendaciones clave para disminuirlo:

• Mejora de la precisión, la llegada y la comprensión de las alertas climáticas a la población. Consideramos importante que estas alertas se difundan cuando realmente hay una situación de riesgo por lluvias torrenciales en las zonas donde se dan estas circunstancias.

- Rapidez y eficacia de las alertas hidrológicas. En todas las cuencas hidrográficas españolas funcionan los Sistemas Automáticos de Información Hidrológica (SAIH). Se instalaron tras las inundaciones de 1982 por la gota fría en las cuencas del Turia y el Júcar en las que se produjo el desbordamiento y la rotura progresiva de la presa de Tous, y su objetivo es evitar nuevas catástrofes de este tipo. Los SAIH envían información de precipitaciones y caudales circulantes por los cauces en tiempo real a las sedes de las confederaciones hidrográficas. Si se detecta lluvia muy intensa o caudales que crecen con rapidez, saltan las correspondientes alarmas, y el organismo dependiente del Ministerio de Transición Ecológica y Reto Demográfico avisa a las autoridades encargadas de aplicar las medidas de protección a la población.

- Construcción de obras hidráulicas destinadas a retener la riada, como embalses en los cauces más peligrosos o canalizaciones en las zonas de mayor riesgo de inundación, para aumentar la capacidad de drenaje. Estas medidas han de ir acompañadas de una adecuada gestión. Los embalses deben ser vaciados total o parcialmente antes de que lleguen las lluvias torrenciales para poder detener los caudales, pero sin provocar una inundación artificial, y con previa advertencia de esta maniobra a las poblaciones ribereñas. Las obras de drenaje se han de diseñar de forma que, al proteger las zonas más vulnerables, no trasladen el riesgo de inundación aguas abajo.

- Dragado y mantenimiento de la capacidad de drenaje en los cauces, especialmente en las zonas con riesgo de inundación y peligro para la población.

- Limitación o prohibición de usos del suelo no compatibles con la inundación, especialmente en las zonas de mayor riesgo. Los usos residenciales, comerciales o industriales son especialmente vulnerables, por pérdidas tanto humanas como económicas. En ocasiones estos usos están ya consolidados, por lo que hay que extremar los sistemas de alerta a la población, así como difundir prácticas de autoprotección.

- Reforestaciones masivas en los terrenos aptos, para así disminuir los arrastres de sólidos y las pérdidas de suelo por erosión. Aunque se trata de una medida a largo plazo, aporta notables beneficios.

Es imposible hacer una recopilación exhaustiva de las inundaciones que ha sufrido España, pero vamos a señalar algunas de las más importantes de los dos últimos siglos.

Riada de «Santa Teresa» (15 de octubre de 1879)

Afectó especialmente a Murcia y su huerta (zona que tiene registradas numerosas inundaciones catastróficas desde el año 1259), también a las provincias de Alicante y Almería. Aunque los datos climáticos de la época son escasos, se calcula que en la cuenca del Guadalentín pudieron caer hasta 600 mm en una hora, aunque son cifras estimadas, que no confirmadas. Fallecieron unas 1.000 personas y se calcula que más de 20.000 animales, con las consiguientes pérdidas económicas en el ámbito rural y los problemas sanitarios posteriores a la riada. Desató una oleada de solidaridad en toda España y políticas de reforestación en amplias zonas del sudeste para limitar el arrastre de sólidos y la pérdida de suelo.

«La Gran Riada» de Valencia (14 de octubre de 1957)

Fue consecuencia de abundantes precipitaciones ocasionadas por una gota fría en la cuenca media del Turia que después se trasladaron al litoral, con vientos de levante que aportaron humedad y generaron una subida del nivel del mar, lo que dificultó la evacuación por la costa de los abundantes caudales que descendían por el río que atravesaba la ciudad. La primera oleada llegó de madrugada y causó numerosos fallecidos, pero la peor fue la segunda, entre las dos y las tres de la tarde, más destructiva y dañina, pero con menos fallecidos. El número total de muertos oficial fue de 81, aunque quizá las cifras reales sean superiores. Se produjo una gran campaña de solidaridad en una España todavía empobrecida por la guerra y el bloqueo internacional; de hecho, se trasladaron unos 3.000 soldados para ayudar en las labores de recuperación. Hemos de destacar el larguísimo historial de inundaciones de la ciudad del Turia. La primera documentada data del año 1321, y a partir de esta fecha los *Llibres del Consell* recogen numerosísimos eventos frente a los que la ciudad fue desarrollando sistemas de protección, fundamentalmente pretiles y murallas.

Tras la riada de 1957 se diseñó y construyó el Plan Sur, que supuso sacar el cauce del Turia de la ciudad, actualmente convertido en un eje verde, y construir una gran desembocadura artificial al sur de la ciudad con capacidad para evacuar 5.000 m³/s.

Riadas del Vallés, Barcelona (25 de septiembre de 1962)

Cayeron unos 200 l/m²en la zona. Fallecieron unas 600 personas y desató una oleada de ayuda en todo el país.

Riada en la rambla de Albox (cuenca del Almanzora) y Albuñol (18 y 19 de octubre de 1973)

Afectó principalmente a las provincias de Granada y Almería, aunque también a Murcia, donde Lorca fue la localidad más dañada. Las precipitaciones fueron intensísimas: en Zurgena (Almería) cayeron 730 l/m^2 en 24 horas, 400 l/m^2 en una sola hora (la segunda mayor precipitación registrada en el planeta en este periodo de tiempo). Los daños fueron enormes: se calcula que hubo unos 250 fallecidos y miles de animales muertos. El caudal del Almanzora, normalmente nulo o muy escaso, alcanzó puntas de 5.000 m^3/s y el del Adra superó los 1.200 m^3/s. Aún hoy hay testigos de esa riada que afirman sentir pánico cuando llega el mes de octubre.

Riada del Turia y especialmente del Júcar (20 de octubre de 1982)

Las precipitaciones en la cuenca alta y media del Júcar fueron abundantísimas y prolongadas durante varios días (en algunas zonas, con valores de 400 l/m^2 en 24 horas y totales acumulados en todos los días del evento muy superiores). La presa de Tous no pudo abrir las compuertas, por lo que, ante la avalancha de caudal, comenzó a desbordarse y a erosionarse debido a la fuerza del agua (no era de hormigón, sino de escollera). El resultado fue un enorme caudal (algunos expertos lo calculan en 19.000 m^3/s) que descendió anegando las comarcas de las Riberas Alta y Baja del Júcar (río al que los árabes denominaban «el devastador»). Las aguas en algunas zonas de Alcira y Carcagente alcanzaron los 8 metros de altura, los daños fueron muy cuantiosos y hubo unos 30 fallecidos.

Tras esta riada, y para evitar catástrofes similares, se diseñaron e instalaron los ya referidos SAIH: el primero, lógicamente, se instaló en la Confederación Hidrográfica del Júcar; el segundo, en la del Ebro.

Riada de La Safor, Valencia (3 de noviembre de 1987)

Aunque el número de fallecidos afortunadamente fue solo de dos personas, las precipitaciones registradas en 24 horas en Oliva (Valencia) fueron de 817 l/m^2, y en Gandía, de 720 l/m^2. Durante mucho tiempo se dudó de la veracidad de esos datos inimaginables, pero estudios posteriores del Instituto Nacional de Meteorología los dieron por válidos. Son las mayores cifras registradas en España en 24 horas. La gota fría se centró en el golfo de Cádiz y desde allí hizo llegar masas de aire mediterráneas, templadas y muy cargadas de humedad por su largo recorrido marítimo hasta el Levante, afectando con especial virulencia la zona sur del golfo de Valencia (comarca de La Safor).

La siguiente riada, por su relevancia y cercanía en el tiempo creemos que merece un apartado especial.

Riada de Valencia (29 de octubre de 2024)

La zona afectada está dentro de las cuencas hidrológicas de los ríos Turia, Júcar (ambos ríos independientes que desembocan en el Mediterráneo) y barranco del Poyo, que se sitúa entre ambos, que no cuenta con regulación alguna y que desemboca en la Albufera de Valencia. El río Magro es afluente del Júcar por su margen izquierda. Todos los cauces afectados por la riada están en la Demarcación de la Confederación Hidrográfica del Júcar (CHJ), organismo encargado de su gestión.

Dada la cercanía en la fecha en la que estas líneas se escriben, es difícil hacer una valoración en frío de esta típica "inundación relámpago", que, como casi todos los aspectos relacionados con el agua, ha sido origen de ácidas polémicas, pero sí que se puede realizar un análisis cronológico de los hechos.

Entre el 27 y el 29 de octubre, la Agencia Estatal de Meteorología (AEMET) avisa de fuertes lluvias en la provincia de Valencia y zonas próximas. La Delegada del Gobierno en la Comunidad Valenciana (Pilar Bernabé) manda un tuit en el que pide precaución y prudencia y solicita a la población que se informe a través de cuentas oficiales, como las de la propia Delegación, AEMET de la Comunidad Valenciana, Guardia Civil o Policía.

El día 27, AEMET emitió un aviso especial nº 16/2024 (14:04 h), advirtiendo que el 29 de octubre sería el día álgido de la DANA. Se estimaban precipitaciones localmente superiores a 120-150 mm en 12-24 horas, especialmente en el mediterráneo peninsular, incluyendo la Comunidad Valenciana.

El día 28, las alertas que publica AEMET para el día siguiente son amarillas en el litoral de la provincia y naranjas en el interior, y concentra el mayor riesgo de lluvias intensas en el SE peninsular (Almería, Murcia y Granada). AEMET aumenta las precipitaciones estimadas en Valencia hasta 150-180 mm en 12-24 horas. Ese mismo día numerosos municipios de Valencia y Alicante deciden suspender las clases.

En un tuit que publica AEMET de la C. Valenciana el 29, a las 5:50 horas indica que un sistema convectivo sobre la provincia de Valencia está produciendo precipitaciones torrenciales en el prelitoral. A las 7:42 horas del mismo día, AEMET actualiza la información por el mismo medio, poniendo alerta roja en el sur de la provincia de Valencia y dejando en naranja el interior de la misma, pidiendo que no se viaje a la zona en alerta roja. Aumentan las precipitaciones previstas a valores que puntualmente pueden superar los 200 mm.

Entre las 7:30 horas y las 8:49 horas, el Centro de Coordinación de Emergencias (112) de la Generalitat Valenciana emite varios comunicados sobre la suspensión de clases en varios municipios, la necesidad de estar atentos a las informaciones que difunda el 112, y pide a la población que evite circular en coche y que no se acerque a cauces.

A las 10:03 horas, después de que empiecen a aparecer en redes vídeos con inundaciones, AEMET vuelve a actualizar la información poniendo en alerta roja las dos zonas del interior de la provincia de Valencia que habían aparecido en naranja. El 112 de la Comunidad Valenciana informa del aumento de peligrosidad de la situación y habla ya de rescates y cortes de carreteras.

A las 10:36 horas, la Confederación Hidrográfica del Júcar (CHJ) se reúne con representantes de la AEMET de la Comunidad, la Delegación del Gobierno, Guardia Civil, Policía, Unidad Militar de Emergencia (UME), Adif y Renfe para analizar la situación. A la reunión no se invita a ningún representante de la Generalitat Valenciana. Paralelamente numerosos municipios, que todavía no lo habían hecho, suspenden las clases.

A las 11:06 horas, la CHJ envía un correo electrónico al Centro Coordinador de Emergencias de la Generalitat avisando de un caudal de 264 m^3/s en el barranco del Poyo y su tendencia ascendente, indicando que la crecida está produciéndose muy rápidamente. No se realiza llamada telefónica alguna, ni se comprueba que dicho mensaje haya sido recibido por el Centro Coordinador de Emergencias.

11:45 horas, el Centro de Coordinación de Emergencias emite un aviso especial de alerta hidrológica en los municipios de la cuenca del río Magro y se añade que en esos momentos las precipitaciones se han reducido, aunque el caudal ha ascendido. Se avisa que es necesario tener precaución y sobre todo no acercarse a las riberas de los ríos y barrancos activos.

En torno a las 12 horas, la Delegada del Gobierno declara en el programa de Televisión autonómica "Apunt" que la alerta roja es hasta las seis de la tarde, y que se prevé que por la tarde lloverá, pero no con tanta intensidad. José Ángel Núñez, jefe de climatología de AEMET en la Comunidad Valenciana, declara en el mismo programa que "es una situación que se va a ir desplazando hacia el norte" y confirma que la alerta roja es hasta la seis de la tarde pero que hay que estar atentos a la evolución de la situación.

A las 12:20 horas, la CHJ, tras advertir que la Rambla del Poyo se ha desbordado en Chiva, avisa de un aumento del mismo hasta 264 m³/s, a lo que la Generalitat responde inmediatamente cursando un aviso especial de alerta hidrológica a los municipios situados en dicho barranco, lo que obliga a constituir los Centros de Coordinación de Emergencias Locales (CECOPAL). Solo se constituyen en Algemesí y Valencia. Emergencias alerta a todos los municipios afectados para que activen las medidas preventivas correspondientes.

12:23 horas. La consellera de la Generalitat Salomé Pradas recibe una llamada de la delegada del Gobierno en la que trataron y hablaron sobre la situación provocada por las lluvias en la provincia de Valencia, y quedan en seguir en contacto ante cualquier evolución. En esa conversación no se plantea nada específico referido a la UME. La consellera le dice a la delegada que se va a reunir de forma inmediata con todo su equipo de emergencias en el centro de coordinación de la L´Eliana. A lo largo del día vuelven a hablar por teléfono en varias ocasiones.

13:42 horas. La CHJ envía un nuevo correo electrónico al Centro de Coordinación de Emergencias señalando que el caudal del barranco del Poyo baja a 120 m³/s y presenta tendencia descendente. A pesar de los datos tranquilizadores Emergencias no desactiva la alerta hidrológica.

14:21 horas. El Centro de Coordinación de Emergencias establece Nivel 1 por lluvias en la comarca de la Ribera alta y la Plana Utiel Requena, alerta a nivel rojo por lluvias en todo el litoral e interior norte de Valencia, alerta por lluvias nivel naranja en interior sur y por tormentas en todo el interior de Valencia.

A las 15:00 horas, la Generalitat solicita oficialmente a la Delegación del Gobierno la intervención de la Unidad Militar de Emergencias (UME) en la zona de Utiel y Requena ante las fuertes precipitaciones registradas en la zona (aunque ya lo había solicitado una hora antes por teléfono). La UME anuncia oficialmente su primer equipo de intervención a las 17 h y se dirige a Utiel, donde el río Magro ya se ha desbordado. Los acumulados totales del día alcanzaron cifras entre 300 y 600 mm en el área de Utiel, y Chiva, aunque con notables diferencias entre zonas.

15:04 horas. La CHJ envía un nuevo correo electrónico en el que confirma un caudal en barranco del Poyo de 55,86 m³/s. Emergencias tampoco desactiva la alerta hidrológica. Poco después anuncia a través del 112 que se acaba de establecer la situación 2 por lluvias del plan especial de inundaciones en la comarca de la Plana de Utiel Requena y se añade que se ha cursado la solicitud de intervención de la Unidad Militar de emergencias a través de la Delegación del Gobierno.

16:13. La Confederación Hidrográfica del Júcar envía un nuevo correo electrónico a Emergencias en el que confirma en el barranco del Poyo un caudal de 28,7 m^3. Esta evolución lleva a una percepción errónea de mejora, pero Emergencias de la Generalitat tampoco desactiva la alerta hidrológica.

16.55: La CHJ comunica que en la próxima hora se prevén caudales superiores a 1000 m^3/s en el rio Magro poque dicho organismo ha decidido el desembalse de la presa de Forata, y que varias poblaciones se pueden ver afectadas por el desbordamiento del rio Magro (Montroi, Algemesí, Real, Alfarp, Alcúdia).

A las 17:00 horas, se reúne el Centro de Coordinación Operativa Integrado (CECOPI) en L'Eliana, el Presidente Carlos Mazón llega a las 19 horas. Se trata de un órgano extraordinario y específico que solo se activa durante emergencias graves o catástrofes (como grandes incendios, inundaciones, terremotos, etc.). Reúne a representantes de todos los organismos implicados: Generalitat, Delegación del Gobierno, Confederación Hidrográfica del Júcar, UME, Policía, Cruz Roja, etc. Toma decisiones estratégicas conjuntas en tiempo real. Se convoca y coordina desde el Centro de Coordinación de Emergencias de la Generalitat (conocido como 112), pero es un nivel superior de coordinación política y operativa.

En ese momento el caudal en el barranco del Poyo es de 325,52 m^3/s. No hay constancia de comunicación alguna por parte de la CHJ a Emergencias, pese a que el protocolo del Organismo de Cuenca (CHJ) obliga a comunicar a Protección Civil cualquier crecida superior a los 150 m^3/s.

17:35 horas. Emergencias envía alerta hidrológica en los

ríos Magro y Júcar a partir de su confluencia en Algemesí. Emergencias notifica a todos los municipios ribereños del río Magro y del río Júcar desde Algemesí hasta la desembocadura en Cullera. Este caudal implica que se pueden producir desbordamientos generalizados en las áreas próximas al río, por lo que se aconseja el alejamiento de la población de las zonas próximas al cauce.

17:56 horas. La CHJ comunica por correo electrónico que el embalse de Forata, en el río Magro, ha empezado a verter y que se prevén caudales superiores a los 1000 m³/s en el río Magro (alcanzaron un pico de 1111 m³/s a las 21 horas). Estos desembalses se sumaron a la escorrentía que el río recibía procedente de las fuertes precipitaciones. A nuestro juicio, esta situación es una de las claves que explican la catástrofe en la zona del río Magro y Júcar tras la desembocadura del primero.

18:00 horas. El caudal en el barranco del Poyo se dispara hasta los 1725,89 m³/s (sólo cuenta con una estación de aforo en su recorrido) y alcanza un máximo de 2.283 m³/s a las 18:55 horas. A partir de ese momento, no hay datos porque el enorme caudal deja inutilizada la estación y deja de transmitir. Tampoco hay constancia de comunicación de la CHJ a Emergencias. Se trata de un caudal enorme para un cauce de tipo rambla mediterránea que suele estar casi seco. Creemos que esta es la otra clave para entender la gravedad de la situación en este caso en la cuenca del río barranco del Poyo. Se ha especulado mucho sobre la procedencia de este enorme caudal de forma tan rápida. No hay constancia de aportaciones artificiales al barranco, que está sin regular, por lo que no pudo haber desembalses. La hipótesis defendida por un estudio de la Universidad de Valencia, AEMET y AVAMET (Asociación Valenciana de Meteorología) es que al enorme caudal que bajaba por el barranco del Poyo, tal y como demuestran los datos de la única estación de aforo situada en su tramo alto, se unieron los caudales de los barrancos de Horteta y Gallego, que desembocan aguas abajo de la mencionada estación y que no cuentan con sistemas de medición, por lo que sus aportaciones son desconocidas. Las aportaciones de Horteta y Gallego pudieron ser simultáneas a la del Poyo, llegando a sumarse cifras imposibles de calcular, pero en cualquier caso elevadísimas, o se pudieron producir con un lapso de 30 a 60 minutos de diferencia, en cuyo caso la punta de avenida sería menos intensa pero pudo haber varios máximos.

No es extraño este comportamiento de los barrancos o ramblas, pues en este tipo de situaciones atmosféricas, las precipitaciones pueden ser intensísimas en lugares muy concretos, desbordando cauces que habitualmente están secos y provocando escorrentías muy rápidas, con fuerte poder destructivo en su camino hacia el mar. A pocos kilómetros de distancia, las precipitaciones pueden ser mucho menos intensas o incluso irrelevantes, por lo que entra dentro de lo posible que las precipitaciones en las cuencas de Horteta y Gallego fueran tan intensas o más que en la cuenca alta del barranco del Poyo aguas arriba de la estación de aforo.

Se deduce, por lo tanto, que contar con una red de estaciones de aforo densas capaces de transmitir datos en tiempo real es de gran ayuda en redes hidrológicas con este comportamiento.

18:04 horas. La Confederación Hidrográfica del Júcar remite notificación por correo electrónico a Emergencias de la declaración del Escenario 2 del Plan de Emergencia de la Presa de Forata. Este correo también llega a varios cargos del Ministerio de Transición Ecológica. Escenario 2 implica que existe peligro de rotura o avería grave de la presa y no puede asegurarse con certeza que la situación pueda ser controlada mediante la aplicación de las medidas y medios disponibles. En el correo no se especifica en qué consiste el Escenario 2, se presupone que los receptores del correo son expertos en hidrología y comprenden el significado.

A las 18:30 horas, se desborda el Barranco del Poyo en Torrent. Aquí recibe las aportaciones del barranco de Horteta y comienza el amplio abanico aluvial que se extiende hasta la Albufera y que sufrió con tanta intensidad la inundación.

18:43 horas. La CHJ envía un nuevo correo a Emergencias anunciando un caudal de 1686 m³/s con tendencia ascendente y con una crecida muy rápida en el barranco del Poyo. En ese mismo momento, Paiporta ya está siendo gravemente afectada por el desbordamiento del barranco. El último correo electrónico recibido por Emergencias con datos del barranco del Poyo era de las 16:13 horas y los datos de caudal no eran preocupantes como hemos señalado. Cuando los datos superaban los 1700 m³/s, a las 18:00 horas, no hay constancia de comunicación alguna. El CECOPI sigue reunido, con presencia vía telemática del Presidente de la CHJ (D. Miguel Polo) y de la Delegada del Gobierno (Doña Pilar Bernabé).

18:55 horas. CHJ envía un correo electrónico a Emergencias comunicando que el embalse de Forata está virtiendo 633.678 m³/s en el río Magro, a lo que responde estableciendo la situación 2 del plan especial de inundaciones en toda la provincia de Valencia.

19:33 horas. La CHJ comunica por correo electrónico a Emergencias que el embalse de Forata está virtiendo 900.046 m³/s que pueden llegar hasta los 1500 m³/s en el río Magro. Se pasa a Escenario 3 (probabilidad de rotura elevada). Esta circunstancia se comenta verbalmente en el seno del CECOPI por parte de los representantes de la CHJ, pero no se declara oficialmente tal riesgo.

20:00 horas. El Secretario de Estado de Medio Ambiente, Hugo Morán, llama por teléfono a la consellera Salomé Pradas. En esta conversación, Morán admite a Pradas que no puede asegurarle que la presa de Forata pueda aguantar, y que hay riesgo de que se rompa. Tras esta conversación telefónica y previa deliberación y acuerdo en el seno del CEOPI (con presencia telemática de la Delegación del Gobierno, la CHJ, Guardia Civil y Policía Nacional y asistencia presencial de la Generalitat, Diputación de Valencia y la UME), se decide enviar el mensaje masivo a la población.

20:12 horas. La Generalitat envía una alerta ES-Alert a los móviles de la provincia. En ese momento, amplias zonas de la Horta Sur están sufriendo graves inundaciones. Las zonas más afectadas son consecuencia de los desbordamientos del Barranco del Poyo y del río Magro.

Los actores más importantes implicados en la catástrofe y su adscripción es la siguiente:

• Agencia Estatal de Meteorología (AEMET), organismo dependiente del Ministerio para la Transición Ecológica y el Reto Demográfico (Gobierno de España). Cuenta con una Delegación en la zona (AEMET de la Comunidad Valenciana).
• Confederación Hidrográfica del Júcar (CHJ). Organismo de cuenca que gestiona el dominio público hidráulico (aguas superficiales y subterráneas, estado de los cauces, embalses y zonas húmedas) de su demarcación territorial correspondiente, que incluyen las cuencas del Júcar, Turia y Barranco

del Poyo. Instala, mantiene y gestiona las estaciones de aforo en los cauces de su demarcación y los datos procedentes de ellas.

- Delegación del Gobierno en la Comunidad Valenciana, representación del Gobierno de España en esta Comunidad.
- El Centro de Coordinación de Emergencias (112) es de carácter permanente y técnico-operativo, depende de la Generalitat valenciana. Coordina servicios como bomberos o protección civil.
- Centro de Coordinación Operativa Integrado (CECOPI). Se reúne sólo en situaciones graves, convocado y coordinado por el Centro de Coordinación de Emergencias, y reúne a todos los actores implicados.

Tras la catástrofe, la Unidad Militar de Emergencias (UME) envió a 13 efectivos a reconocer la zona afectada (aunque antes se movilizaron 96 desde la base de Bétera para llegar a Utiel y Requena), el 30 de octubre se sumaron 1100 militares y el 31 otros 500 con material como vehículos pesados, helicópteros, etc., para realizar labores principalmente de achique de agua, rescates y labores humanitarias. También hubo una enorme respuesta ciudadana de ayuda a los afectados.

Según la Ley Orgánica 5/2005 de Defensa Nacional, la solicitud del Ejército en situaciones de emergencia puede ser solicitada por el Presidente de la Comunidad Autónoma afectada o su delegado (en este caso la Generalitat lo solicita a las 15 horas del día 29), por el Delegado del Gobierno en la Comunidad Autónoma o por los ministros afectados. También lo puede hacer Protección Civil o los servicios de emergencia de la Comunidad afectada. En casos de catástrofe nacional o de interés general del estado, el Presidente del Gobierno puede ordenar directamente la actuación de las Fuerzas Armadas. En esta situación dicha activación estaba perfectamente justificada, pues la catástrofe también afectó a la provincia de Albacete (Comunidad de Castilla-La Mancha) con siete fallecidos. Durante lo peor de la catástrofe el Presidente del Gobierno de España estaba en visita oficial en La India.

También se pueden, y se deben, extraer algunas conclusiones de lo ocurrido:

- Los sistemas de alerta climática e hidrológica no han llegado a la población con la suficiente claridad o antelación, por lo que no ha podido ponerse a salvo.
- El agua ha arrastrado muchos materiales sólidos (ramas, cañas, y tierra), lo que ha generado enormes cantidades de lodo que ha cubierto grandes superficies, alargando y dificultando las labores de limpieza, pues eliminar el lodo solidificado, muchas veces con elementos tóxicos que ha arrastrado, es una labor muy complicada e incluso peligrosa.
- La red de estaciones de aforo en la zona afectada no tiene la suficiente densidad para reflejar el comportamiento irregular y espasmódico de los ríos y barrancos, como es habitual en los de carácter mediterráneo.
- La canalización del barranco del Poyo no ha sido suficiente para evitar el desbordamiento. En el Plan Hidrológico Nacional de 2001 estaba prevista la construcción de una presa en la cabecera de dicho barranco, pero las modificaciones introducidas posteriormente la anularon o al menos no la consideraron prioritaria, por lo que en 2024 estaba sin regular.
- Los desembalses que se hicieron desde el embalse de Forata fueron tardíos y contribuyeron a aumentar de forma signi-

ficativa los caudales circulantes y por lo tanto la magnitud de la inundación. Ante una alerta de fuertes precipitaciones en la zona, estos desembalses deberían haberse realizado mucho antes, para dejar semivacío el embalse y poder parar parte de los caudales que previsiblemente iban a llegar a él.

- La existencia de zonas residenciales, fábricas e instalaciones comerciales en las áreas inundables han agravado las consecuencias. Los planes urbanísticos de las ciudades más afectadas permitían en muchos casos estas construcciones a pesar de que existe cartografía de inundabilidad.

- El cauce artificial del Plan Sur ha salvado de la inundación a la ciudad de Valencia, pero ha podido agravarla en las localidades situadas al sur del mismo. Es necesario señalar que cuando se diseñó y construyó esta zona era de huertas, con población relativamente escasa y sin la abundancia de áreas construidas de la actualidad. Tal y como se ha señalado, esas zonas urbanizadas se han levantado con conocimiento y permiso de los municipios.

- Comunicar una situación de emergencia por correo electrónico puede ser adecuado para que quede constancia por escrito de dicha comunicación, pero quizá debería haber ido acompañada de una llamada telefónica que asegurara que el otro interlocutor recibe y es consciente de la gravedad de la situación.

Como vemos en todas las riadas analizadas y en muchas más que se podrían añadir, se da un patrón similar:

- Se producen con gran rapidez (de allí su nombre de inundaciones relámpago).

- Se localizan en zonas del litoral mediterráneo.
- Se producen en los meses de otoño, especialmente octubre.
- Las zonas más afectadas son las proximidades de ríos y barrancos, habitualmente de escaso caudal y las llanuras litorales. La ocupación parcial de estas zonas aumenta la exposición al riesgo, y por lo tanto intensifica los efectos cuando llegan las inundaciones.

El agua de los ríos mantiene la riqueza, biodiversidad y productividad de los ecosistemas fluviales. Las riadas forman parte del funcionamiento natural de estos ecosistemas, pero en ocasiones se convierten en fenómenos muy dañinos y destructivos, especialmente si se combinan con otros factores, como una inadecuada ordenación del territorio y gestión de los cauces y caudales.

La excesiva extracción para otros usos puede provocar un deterioro de estos y posibles conflictos entre asociaciones ecologistas o naturalistas con el resto de usuarios del agua o con la Administración encargada de su gestión. Como vamos descubriendo en torno al agua se suscitan intereses y sensibilidades muy diferentes, a veces contrapuestos.

2

Un recurso imprescindible
y ¿escaso?

EN LA DECLARACIÓN UNIVERSAL de los Derechos Humanos
de 1948 se excluyó el agua porque se consideraba su naturaleza
tan fundamental como ilimitada, por lo que no se estimó necesario incluirla de forma explícita. Posteriormente se ha ido
tomando conciencia de su limitación y escasez en algunas zonas del mundo, y en 2010 ganó reconocimiento político con la
aprobación de la Resolución 64/292 de la Asamblea General
de Naciones Unidas, donde se reconoce el derecho al agua potable y al saneamiento como un condicionante previo para el
pleno disfrute de la vida y del resto de los derechos humanos.
Aunque las resoluciones de la ONU no son de obligado cumplimiento, son tan solo meras recomendaciones, se trata de
un hito importante.

Posteriormente, en septiembre de 2015, la Asamblea General de Naciones Unidas adoptó los 17 Objetivos de Desarrollo
Sostenible (ODS). El objetivo 6 pretende «garantizar la disponibilidad de agua y su gestión sostenible y el saneamiento para
todos». La idea básica es abordar el acceso universal y equita-

tivo al agua con precio asequible, avanzar en la gestión integrada, mejorar la calidad y fomentar la cooperación internacional.

Implícitamente se está reconociendo que el agua es un recurso cada vez más estratégico, como iremos analizando, y que la cooperación internacional es necesaria para evitar tensiones o conflictos que se puedan generar al respecto.

Queda claro, por tanto, que el agua es un recurso imprescindible e insustituible. Ahora bien, numerosos medios de comunicación han repetido hasta la saciedad que también es un recurso escaso. ¿Es cierta esta afirmación? Para confirmarla o desmentirla, hay que poner sobre la mesa algunas cifras y analizarlas.

En el planeta se calcula que hay unos 1.386 millones de km^3 de agua (Blanco y de la Torre, 2017). Se trata de una cantidad inmensa que se reparte, *grosso modo*, en algo más del 97% de agua salada y poco menos del 3% de agua dulce, es decir, unos 35 millones de km^3. Aproximadamente el 70% de esta agua dulce está en forma de hielo en los casquetes glaciares (Antártida, Groenlandia y glaciares continentales y de montaña), por lo que queda algo más de 11 millones de km^3 en el agua atmosférica, superficial (ríos y lagos), subterránea y la que forma parte de los seres vivos (Fernández Jáuregui, 2017).

Es muy difícil estimar la cantidad de agua disponible de fácil acceso para el ser humano y los ecosistemas (ríos, lagos de agua dulce y agua subterránea renovable). Félix Blanco y de la Torre (2017) la estima en unos 200.000 km^3. Esta cantidad siempre varía por el ciclo del agua, por eso es un recurso renovable, tal y como se ha señalado en páginas anteriores. Las principales transformaciones del agua serían las siguientes:

- El regadío que toma agua superficial la convierte parcialmente en subterránea (por infiltración), otra parte pasa a formar parte de las plantas que la absorben y el resto es evapotranspirada (pasa a la atmósfera en forma de vapor). Si utiliza agua subterránea, la convierte en superficial y también en los tipos anteriormente señalados. El agua que forma parte de las plantas tarde o temprano pasará al cuerpo de un ser vivo que las ingiera, se evaporará o pasará al suelo mediante la descomposición de los tejidos.

- Los usos industriales que se abastecen de agua superficial o subterránea pueden incorporar parte de ella a los objetos fabricados hasta que termine su vida útil, momento en que pasará a otro estado; otra parte suele evaporarse como consecuencia de los procesos químicos realizados, que también pueden empeorar su calidad, dificultando posibles usos posteriores.

- El uso doméstico implica que una pequeña parte del agua se incorpora en los seres humanos a través de la bebida, pero buena parte de ella, tras su uso, se devuelve a la red fluvial a través de los colectores (higiene personal, lavado, fregado...) Es decir, que vuelve a convertirse en agua superficial, pero generalmente con peores niveles de calidad, algo reversible mediante la depuración.

La Unesco (2006) estima que para 2030 la cantidad de agua extraída de sus localizaciones naturales para todos los usos en el mundo (regadío, abastecimiento a la población, industria...) alcanzará algo más de 5.000 km^3, una cifra muy lejana a los 200.000 km^3 disponibles indicados al principio.

¿Y la Antártida?

En los datos ofrecidos sobre agua de fácil acceso para el ser humano, lógicamente no está incluida la enorme cantidad almacenada en la Antártida en forma de hielo. Se calcula que en el continente helado hay unos 26,5 millones de giga-toneladas de hielo (cada giga-tonelada equivale a 1.000 millones de toneladas). Legalmente existen disposiciones prohibitivas de explotación de minerales (artículo 7 del Protocolo al Tratado Antártico sobre Protección del Medio Ambiente, conocido como Protocolo de Madrid). Estas disposiciones impiden cualquier actividad relacionada con los recursos minerales, salvo para fines de investigación científica.

Sin embargo, en la XI Reunión Consultiva Especial del Tratado Antártico, celebrada en Madrid en 1991, se establece que la extracción de hielo no está sujeta a la prohibición de explotación. El Derecho Internacional, por lo tanto, ha dejado abierta la posibilidad de explotación del agua antártica siempre que esta se extraiga en forma de hielo, lo que abre enormes interrogantes de cara al futuro sobre la posible presión que los diferentes países puedan ejercer. Recordemos que en la Antártida actualmente hay dieciocho países con bases permanentes (operativas incluso en invierno) y siete que tienen bases temporales operativas solo en verano, entre ellos España, con las bases Gabriel de Castilla y Juan Carlos I. Además, hay siete países que reclaman soberanía sobre el territorio antártico, cuatro de ellos limítrofes (Chile, Argentina, Australia y Nueva Zelanda) y otros tres europeos (Francia, Reino Unido y Noruega).

De hecho, ya ha habido algún proyecto o intento de extraer hielo de la Antártida para cubrir necesidades de agua, como el de 2014, año en el que China anunció su intención de llevar

100 toneladas de agua antártica a las Maldivas para paliar la escasez que sufría el archipiélago. También hace años algún país del Golfo anunció la posibilidad de captar icebergs antárticos y transportarlos mediante grandes bolsas a la región, donde lógicamente llegarían en forma de agua, pero dicha idea no se llegó a materializar.

No obstante, la extracción de hielo de la Antártida se encuentra con problemas no solo de carácter jurídico, sino también técnico, pues el coste de la extracción y el transporte hasta el lugar de uso es muy alto, lo que puede impedir su materialización.

Así pues, tras revisar los datos antes expuestos, y aunque parezca una afirmación lejana a lo que se suele escuchar en la mayor parte de los medios de comunicación, no se puede decir que en el conjunto del planeta el agua sea un recurso escaso. El agua es un recurso abundantísimo, y aunque la que es de fácil disponibilidad represente un pequeño porcentaje del total, su cantidad es muy superior a las demandas totales actuales de la humanidad, y las proyecciones a futuro todavía quedan muy por debajo de los 200.000 km^3 señalados. Hemos de destacar también que la enorme cantidad de agua salada del planeta, no incluida en la cifra de agua de fácil acceso, no queda al margen, pues se puede potabilizar mediante procesos de desalación para el uso humano. Cierto es que este sistema tiene un coste económico importante (aunque cada vez menor gracias a las nuevas técnicas) y también unas repercusiones ambientales, pero desde luego no es un recurso inutilizable. Si consideramos el agua salada también como recurso hídrico, el agua se convierte prácticamente en infinita.

Después de esta afirmación que puede resultar chocante e incluso contradictoria con la percepción dominante, pero demostrada con cifras, hay que explicar por qué este recurso tan abundante es cada vez más estratégico, aumenta la sensación de escasez y provoca tensiones en torno a su uso y gestión. La respuesta a esta aparente contradicción es compleja, y a ello vamos a dedicar buena parte de las páginas posteriores.

3

Un recurso cada vez más estratégico

SI EL AGUA NO ES UN RECURSO ESCASO a escala planetaria, ¿por qué se está convirtiendo en estratégico y concita a su alrededor crecientes deseos de control y dominio? No es sencillo encontrar respuesta a ese planteamiento, pero vamos a intentar dar algunas claves.

Razones de una posible crisis hídrica futura

Ya hemos demostrado que, en el conjunto de la Tierra, el agua dulce de fácil acceso es muy abundante, además de ser un recurso renovable, y si consideramos el agua salada, que se puede potabilizar, se convierte en prácticamente infinito.

Sin embargo, a nuestro juicio sí que está justificada una moderada preocupación sobre si el abastecimiento de agua para cubrir las demandas crecientes va a estar garantizado en el futuro. Esta preocupación moderada no debe provocar un alarmismo generalizado, pero sí una vigilancia de cómo van evolucionando las demandas y cuáles son las políticas o estrategias para satisfacerlas, así como las personas que quedan al margen de un satisfactorio abastecimiento o los ecosistemas que quedan dañados por la extracción excesiva o la contaminación.

En todo el planeta llueve, pero la precipitación que riega las tierras y alimenta los lagos, los ríos y las aguas subterráneas (que a su vez contribuyen de forma sustancial a la regulación de los anteriores), no se produce de forma regular ni en el espacio ni en el tiempo.

En el planeta existen zonas muy lluviosas, especialmente en las regiones ecuatoriales y tropicales cercanas a los océanos. Aquí se juntan varios factores que favorecen las lluvias abundantes, como la inestabilidad propia de las masas de aire cálidas y su abundante humedad tras haber recorrido miles de kilómetros sobre un océano caliente con mucha evaporación.

Existen lugares del sudeste de Asia afectados por los monzones en los que la precipitación media supera los 12.000 l/m^2, concentrados en la estación lluviosa (verano) en la que las masas de aire, tras haber recorrido muchos kilómetros sobre el cálido océano Índico, chocan con las estribaciones de la cordillera del Himalaya, produciéndose un ascenso brusco, el enfriamiento, la condensación y la precipitación. También en algunas islas del Pacífico (Indonesia, Hawái) tienen lugar fenómenos similares, aunque la concentración de las lluvias en una estación suele ser menor.

En cuanto a las zonas templadas, también las hay con precipitaciones abundantes, pero menos que en las regiones antes descritas. Podemos destacar regiones próximas al océano a las que llegan los vientos dominantes del oeste (Islas Británicas, Bretaña, Galicia, Columbia Británica o sur de Chile). Si además existen cordilleras próximas a la costa que favorecen la acumulación de nubosidad y la ascensión de las masas de aire procedentes del océano, se refuerzan las precipitaciones, que pueden oscilar entre 2.000 y 4.000 l/m² al año.

En líneas generales, la proximidad a los mares y océanos y la existencia de zonas montañosas son factores que favorecen las precipitaciones.

Por el contrario, en el planeta hay zonas muy poco lluviosas. Podemos destacar sin duda las zonas tropicales, afectadas por el cinturón de altas presiones que domina la atmósfera de manera casi permanente, estabilizando las masas de aire e impidiendo las precipitaciones (relacionadas siempre con aire que asciende en la vertical). Este cinturón de altas presiones explica las grandes zonas desérticas del Sáhara, la península arábiga, Kalahari, el desierto australiano o del sudoeste de Estados Unidos y el norte de México.

Asimismo, en el interior de los continentes en latitudes templadas existen zonas áridas o semiáridas, especialmente en las tierras muy alejadas del mar a las que llegan con dificultad las masas de aire húmedas de procedencia oceánica. Si, además, entre el océano y el interior del continente se interpone una cordillera montañosa, todavía se refuerza más la llegada de aire húmedo. Así se explican los desiertos del interior de Asia (Gobi, Taklamakán) o las zonas esteparias rusas. En estas zonas la precipitación queda por debajo de los 300 l/m² y en algunas otras, aún más extremas, puede no alcanzar los 100 l/m², siendo la evapotranspiración muy superior a la precipitación. Sin olvidar que en ellas abundan áreas donde la red fluvial no se ha organizado lo suficiente como para dar salida de los caudales al mar debido a la escasez de las precipitaciones, generando las ya mencionadas zonas endorreicas. Incluso hay otras sin ningún tipo de red fluvial (denominadas arreicas).

Tampoco hay que olvidar las zonas próximas a los polos, donde las precipitaciones son muy escasas, siempre en forma de nieve, debido a que las masas frías tienen muy poca capacidad de mantener agua en forma de vapor (se saturan enseguida, por lo que, cuando se produce la precipitación, esta no suele ser abundante) y a que la atmósfera casi siempre está dominada por potentes anticiclones que las impiden o las dificultan.

Lógicamente, la cantidad de precipitación se manifiesta en un mayor o menor caudal circulante por los ríos y una mayor o menor recarga de los acuíferos. En zonas muy lluviosas, los ríos suelen ser caudalosos, sobre todo si su cuenca hidrográfica es grande. El caso del Amazonas es el más representativo, pues su cuenca tiene una gran extensión (unos 7 millones de km^2 repartidos en territorio de siete países) y en la mayor parte de ella las precipitaciones son abundantes. El resultado es que el caudal medio del río en la desembocadura supera los 200.000 m^3/s; dicho de otro modo: mientras leemos estas líneas, comemos o dormimos, sin pensar siquiera en el agua, este río gigantesco vierte al Atlántico más de 200 millones de litros de agua por segundo.

Otro caso similar, aunque no tan inmenso, es el del río Congo, el segundo más caudaloso del mundo, con una cuenca de unos 4 millones de km^2 repartidos en territorios de diez países. Su cuenca tiene un clima tropical con lluvias abundantes todo el año, o tropical en las zonas norte y sur con precipitaciones también abundantes pero concentradas en la estación lluviosa. El resultado es que su caudal medio en la desembocadura es de 41.000 m^3/s.

Ambos ríos aportan cantidades ingentes de agua dulce al mar de forma bastante constante, lo que influye en el ambiente marino de las zonas próximas a la desembocadura, en las corrientes y, lógicamente, en la salinidad, que se ve disminuida. Por lo tanto, ya tenemos una de las claves de la posible crisis hídrica futura: la irregularidad espacial en la distribución. Otra clave tan importante o más es la distribución temporal del agua. Casi todos los climas del mundo presentan una irregularidad en la distribución estacional de las precipitaciones y también en la distribución interanual.

La irregularidad estacional significa que en casi todo el planeta se definen periodos claramente lluviosos y otros mucho más secos. Por ejemplo, en el clima mediterráneo, las precipitaciones suelen concentrarse en otoño y en primavera, y en algunas zonas en invierno, pero son muy escasas en verano. En el clima continental se concentran principalmente a finales de primavera y en verano, mientras que los meses invernales suelen ser menos generosos. En los climas tropicales, la concentración de las precipitaciones da lugar a la estación lluviosa (el verano), mientras en la estación seca puede haber muchos meses con lluvias muy escasas o inexistentes.

Como es lógico, esta concentración de las lluvias se traduce en un mayor o menor caudal de los ríos y, por lo tanto, en abundancia o escasez de agua superficial de fácil acceso. En el clima mediterráneo de buena parte de España, los ríos sufren fuertes estiajes en los meses de verano, incluso muchos se quedan secos. En nuestro país, sobre todo en la vertiente mediterránea, es habitual observar cauces sin agua durante meses, pero que se llenan de caudal abundante cuando llegan las precipitaciones, hasta quedar vacíos de nuevo a las pocas horas o días. Los grandes ríos peninsulares (Ebro, Tajo, Guadiana, Duero y Guadalquivir) también sufren fuertes estiajes en verano por el descenso de las lluvias, la intensa evapotranspiración y varios factores humanos que serán analizados posteriormente.

Algo similar ocurre en los ríos de las zonas tropicales, caudalosos en la estación de las lluvias y escasos durante la estación seca. Quizá el caso más conocido sea el del Nilo por su trascendencia histórica. Cuando llegan las lluvias tropicales a las montañas de Etiopía (en verano), el caudal de su principal afluente, el Nilo Azul, se multiplica, lo que tradicionalmente ha provocado una progresiva subida de caudal en el Bajo Nilo, con inundaciones de las tierras próximas en las que el río depositaba el limo, tierra de origen volcánico arrancada por las lluvias en las montañas etíopes que enriquecían y fertilizaban las tierras egipcias. Como las inundaciones se producían de forma lenta y progresiva, dominaba la sedimentación sobre la erosión, por lo que se consideraban una bendición y no un perjuicio.

Otros ejemplos de ríos tropicales serían el Paraná (cuyo caudal oscila entre 12.000 y más de 30.000 m³/s), el Níger (cuyo caudal en desembocadura oscila entre 9.000 y menos de 1.000 m³/s) o el Ganges. En todos ellos se observan fuertes diferencias de caudal por los motivos expuestos. Además de los grandes ríos de cuencas muy extensas, en la zona tropical también existen muchos pequeños ríos y cauces que en la estación seca se quedan sin caudal, igual que ocurre en las regiones de clima mediterráneo.

La irregularidad interanual también es un factor a tener en cuenta: aunque en casi todos los climas se definen periodos lluviosos (salvo en los desérticos y los polares), las precipitaciones no son igual de generosas entre un año y otro. El clima mediterráneo vuelve a ser un buen ejemplo de ello, donde hay años en los que las precipitaciones están muy por encima de la media observada en una larga serie, y otros en los que se queda muy por debajo. Por ejemplo, 2023 fue muy seco en algunas zonas de la costa mediterránea española, especialmente en Cataluña, pues ni siquiera las lluvias de otoño fueron significativas; por el contrario, en los meses otoñales del mismo año, en la ciudad de Cáceres, de clima también mediterráneo pero próxima al Atlántico, las lluvias de primavera y otoño fueron muy abundantes. A modo de ejemplo de irregularidad interanual podemos señalar que en Murcia, ciudad de clima mediterráneo semiárido, las precipitaciones en 1945 estuvieron en torno a 700 mm, mientras que en 1995, año de fuerte sequía en casi toda España, no superaron los 100 mm.

Esta irregularidad interanual no es exclusiva del clima mediterráneo, también la podemos encontrar en climas tropicales en los que la aportación de la estación lluviosa también es muy variable.

Hasta el momento hemos desarrollado solo cuestiones climáticas naturales, con un funcionamiento propio y una serie de irregularidades. Pero...

¿Qué hay del cambio climático?

No es objetivo de este libro analizar el clima, pues ya se hizo en su momento (Tarancón y Del Valle, 2023), pero sí creemos necesario insistir en un dato: el clima seguirá cambiando en el futuro, tal y como lo ha hecho durante toda la historia. La versión difundida por el Grupo Intergubernamental de Expertos sobre el Cambio Climático (IPCC, por sus siglas en inglés) y más proclamada por los medios de comunicación tiene un tinte alarmista muy marcado que ha calado en amplios sectores de las sociedades, sobre todo de las occidentales. Dicha interpretación asegura que va a aumentar la irregularidad climática, haciendo que las sequías sean más largas e intensas (especialmente en algunas zonas del mundo como las de clima mediterráneo), mientras que las lluvias van a ser cada vez más torrenciales y concentradas; asimismo, augura más eventos climáticos extremos de todo tipo. Los datos numéricos no siempre han confirmado esa tendencia, de hecho, lo hacen en escasas ocasiones, pero el alarmismo hace que crezca la sensación de incertidumbre e inseguridad sobre la consecución de los necesarios recursos hídricos.

En numerosas ocasiones hemos tenido que aclarar que el agua no se va a terminar, pues se trata de un recurso renovable, tal y como hemos expuesto. Aunque aumenten las temperaturas del planeta (algo que se ha observado en el último siglo, pero de forma tenue), eso no significa que no vaya a llover. La climatología histórica muestra que los periodos cálidos por los que ha pasado la Tierra no han sido secos, sino más bien al contrario, y que las largas y prolongadas sequías suelen ir asociadas a periodos fríos. Un posible nuevo periodo cálido supondría más evaporación de agua y, por lo tanto, es probable que las precipitaciones sean más abundantes. Lo que sí podría cambiar algo sería su distribución espacial y temporal, con unas zonas más perjudicadas o beneficiadas que otras, pero sin asegurar con certeza cuáles serían.

Este alarmismo y la inseguridad que genera, entre otras razones, fomenta que los usuarios y los poderes públicos miren con creciente avaricia los recursos hídricos y se esfuercen por asegurar sus abastecimientos, unas veces a través de acuerdos con otros usuarios o estados, y otras mirando exclusivamente por los intereses propios e ignorando los ajenos.

Más agua para todos

Las demandas de agua en el planeta son cada vez más crecientes, tanto en los países desarrollados como en los que están en vías de desarrollo. Ya hemos señalado que esto no significa que vaya a desaparecer, sino que se irá transformando. Aun así, será necesario tener asegurado el recurso hídrico.

Abastecimiento humano

La relación entre el desarrollo socioeconómico y el agua es muy estrecha. Uno de los principales logros de la sociedad avanzada es tener agua asegurada, de calidad y disponible de forma universal para toda la población, y en este sentido hemos hecho un importante esfuerzo por conseguirlo. No podemos entender desarrollo ni bienestar sin agua abundante y garantizada. Desde que nos levantamos hasta que nos vamos a dormir, nuestra relación cotidiana con el agua es enorme: empezando por el aseo por la mañana y terminando con los platos que fregamos después de cenar. La generación a la que pertenezco todavía conoció pueblos de España sin agua en las casas, donde eran las mujeres normalmente las que se desplazaban a la fuente con cántaros que luego transportaban con esfuerzo a la casa para poder beber, cocinar, limpiar o lavarse. Lógicamente, la ducha no estaba a su alcance, y el baño completo era algo que se realizaba muy de cuando en cuando. Hoy en día, abrir los grifos y tener agua fría y caliente de calidad, potable, conectada a los electrodomésticos y evacuada por la red de tuberías y alcantarillado lo consideramos algo normal, pero hay muchos otros lugares donde se trata de un verdadero lujo, pues, según

Naciones Unidas, más de 2.000 millones de personas no tienen acceso a agua potable ni al saneamiento básico.

La relación entre acceso al agua de abastecimiento de calidad y de saneamiento y el nivel de desarrollo humano es directa. Por ejemplo, en la República Democrática del Congo, un país que tiene abundantísimos recursos hídricos, pues ocupa buena parte de la cuenca del río Congo (el segundo más caudaloso del mundo en desembocadura, tal y como hemos señalado), aproximadamente el 70% de la población no tiene acceso a agua potable. Según Naciones Unidas, en 2022 el país ocupaba el puesto 180 (de 193 estados analizados) en el Índice de Desarrollo Humano (IDH). Ecuador ocupa el puesto 83 en la misma lista; el porcentaje de población sin acceso a agua potable mejorada desciende a aproximadamente el 34%, y el de población sin acceso a saneamiento al 10%. Se puede destacar algún país que ha mejorado de manera notable el acceso al agua de su población, como Jordania, que ocupa el puesto 99, donde prácticamente toda su población cuenta con estos servicios. Al tratarse de un país con escasos recursos hídricos, el logro es muy destacable. Por lo tanto, en muchos casos el problema no es de escasez, sino de falta de desarrollo, lo que incluye infraestructuras de almacenaje, conducción, potabilización, etc.

Una de las prioridades de los países en vías de desarrollo para mejorar las condiciones socioeconómicas de la población ha de ser incrementar el acceso a agua garantizada y de calidad y al saneamiento, lo que tiene evidentes consecuencias positivas sobre el bienestar, la higiene y la salud. Por lo tanto, podemos asegurar que la demanda va a aumentar como consecuencia del crecimiento de la población y de sus cada vez mejores abastecimientos.

Por supuesto, en los países más desarrollados el porcentaje de población con estas necesidades cubiertas alcanza el 100%, incluso en casos con recursos escasos, como Israel, que ocupa el puesto 25 en el IDH. En estos países, el panorama a grandes rasgos es de mantenimiento de la demanda, pues las ciudades apenas crecen y la eficiencia en el uso es cada vez mayor.

A medida que las sociedades avanzan en el desarrollo socioeconómico, las demandas de agua se van haciendo mayores y los estados procuran satisfacerlas para evitar que su escasez pueda convertirse en factor limitante en los procesos de desarrollo y mejora del bienestar social.

En numerosos países se observan problemas temporales para satisfacer las demandas cuando esta se concentra en alguna zona y en algunos meses del año. Por ejemplo, en las zonas turísticas muy estacionales, como pueden ser las costas del Mediterráneo, la abundante población que reside allí temporalmente genera un incremento de la demanda (duchas en la playa, piscinas de los hoteles, riego de zonas ajardinadas en las urbanizaciones, etc.). En ocasiones, los sistemas de potabilización, distribución y depuración no están diseñados para tanta población (como les ocurre a los pueblos pequeños, que en invierno tienen 100 habitantes escasos, pero en verano su población se ve multiplicada), con el resultado de cortes o restricciones de suministro (resueltos en parte con camiones cisterna), una escasa calidad o caudales sin la depuración adecuada de los vertidos.

Abastecimiento para regadío

El ser humano solo necesita beber entre 2,5 y 5 litros de agua al día para vivir (en función de numerosos factores sociales, climáticos, etc.), pero para producir alimento suficiente se necesitan unos 3.000 litros de agua, que se transforma de líquida a vapor, de superficial a subterránea, de limpia a sucia, etc. Una buena parte de esos alimentos proceden de la agricultura de regadío, que nos proporciona alimentos para el consumo tanto humano como ganadero.

El regadío ha sido uno de los sectores que más han contribuido a que importantes sectores de la población del planeta salgan de la pobreza alimentaria, ayudando también a diversificar y enriquecer los alimentos consumidos.

Según el informe «El estado del agua y la agricultura en el mundo», publicado en 2020 por la Organización de Naciones Unidas para la Alimentación y la Agricultura (FAO), en 2018 la superficie total de regadío en el mundo era de aproximadamente 330 millones de hectáreas, lo que representa el 20% de la superficie cultivada en todo el planeta. La demanda de agua para regadío alcanza unos 2.700 km^3 (Instituto Internacional para el Manejo del Agua, 2007), lo que supone más o menos el 70% de la demanda total de agua (en España, por ejemplo, este porcentaje aumenta al 80%).

El continente con mayor superficie de regadío es Asia, con aproximadamente el 46% de la superficie mundial. En amplias zonas del continente el arroz es la base de la alimentación, cuyo cultivo debe estar inundado durante una parte de su ciclo vital, lo cual se consigue gracias a complicados sistemas de regadío alimentados por las abundantes lluvias del monzón de verano.

También en el entorno del mar de Aral, a finales del siglo pasado crecieron las tierras de regadío destinadas principalmente al cultivo del algodón, generando un gravísimo problema ambiental, económico y político en el lago y su entorno del que hablaremos más adelante.

África cuenta con el 17% de la superficie de regadío del planeta, y en varios países, como Egipto, Marruecos, Sudáfrica o Madagascar, se han registrado importantes aumentos en los últimos treinta años. El regadío ha sido clave para disminuir la carencia de alimentos y la pobreza extrema en el continente, pues una de sus ventajas es que disminuye la dependencia del clima —y su irregularidad— y permite la incorporación de cultivos que sin él serían imposibles, mejorando y diversificando así la alimentación. Por otro lado, y en sentido negativo, también ha contribuido a la disminución de la superficie de la principal masa de agua dulce de África Occidental, el lago Chad, que recibe las aguas de una amplia cuenca endorreica de más de 2 millones de kilómetros cuadrados y se sitúa entre Nigeria, Camerún, Chad y Níger. En 1960 contaba con unos 26.000 km², pero en la actualidad se ha reducido a unos 900, aunque con importantes fluctuaciones según sea la estación seca o lluviosa. La extracción de agua directamente del lago y de sus principales tributarios (ríos Chari y Logone), junto con las sequías periódicas que sufre la zona del Sahel (de clima tropical con una marcada estación seca y una fuerte irregularidad), explican esta drástica disminución, lo que ha tenido importantes consecuencias en la economía de la zona al verse reducida la pesca de forma muy notable.

América del Norte cuenta con un 15% del regadío y en los tres países se han incrementado las superficies de regadío: en Estados Unidos, fundamentalmente en Texas, California y la región de los Grandes Lagos; en Canadá, aunque la superficie de regadío no es significativa en relación con la extensión del país, también ha aumentado en las provincias de Alberta y Manitoba, y en México ha crecido especialmente en las regiones áridas del norte.

Europa cuenta con aproximadamente el 11% del regadío del mundo, concentrado sobre todo en los países del sur, donde el clima mediterráneo lo convierte en una forma muy eficiente de asegurar las cosechas, mejorar la producción e introducir cultivo que sería inviable sin estas condiciones climáticas. España, Italia y Portugal destacan por las importantes ampliaciones de superficie regada en la última treintena, pero también en Francia e incluso en Hungría y Rumanía se observan significativas ampliaciones para aumentar o mejorar la productividad del maíz.

Iberoamérica cuenta solo con un 7% de la superficie de regadío del planeta, aunque Brasil y Chile han incrementado las suyas de forma notable, en el primer caso, sobre todo para la soja y el algodón, y en el segundo, para las frutas de exportación.

Oceanía dispone del 4%, pero allí también se ha observado un aumento significativo en Australia, en la cuenca del Murray-Darling para el algodón, el arroz y la vid, y en Queensland para la caña de azúcar. La zona occidental, de clima mediterráneo, ha incrementado la irrigación para la vid y los cultivos hortícolas. En Nueva Zelanda, el crecimiento más destacado se ha producido en la isla sur para la viticultura y los cultivos hortofrutícolas.

La agricultura de regadío, si es intensiva, va asociada al uso de abonos, pesticidas y herbicidas, que pueden provocar contaminación de los suelos: por infiltración en las aguas subterráneas y por caudales sobrantes en las superficiales. Se trata de una contaminación difusa, difícil de atajar; así pues, lo más conveniente es evitarla mediante un uso racional y adecuado de esos productos.

Una parte de lo que se cultiva mediante el regadío se dedica a la alimentación del ganado, principalmente con la soja, la alfalfa, el maíz y otros cereales. El consumo de carne suele aumentar a medida que mejora el nivel de vida de la población y, por tanto, su poder adquisitivo, por lo que constituye otro factor de incremento en la demanda de agua (en Asia, la ingesta media de calorías subió de 2.379 en 1990 a 2.665 en 2009, y continúa la tendencia; en China, el consumo de carne en 1978 fue de 8 millones de toneladas, y en 2012, de 78, con un leve aumento de la población [Barthwal Datta, 2014]). Conseguir un kilogramo de carne de vacuno dispuesta para el consumo humano significa que a lo largo del proceso se han utilizado unos 14.000 litros de agua, algo más de 10.000 para un kilo de cordero, unos 6.000 para un kilo de cerdo y algo más de 4.000 para el de pollo. Pueden parecer cifras exageradas, pero si analizamos el proceso completo, es comprensible. Para empezar, la mayor parte de la demanda se concentra en la producción de plantas forrajeras (en su mayoría, en régimen de regadío) para alimentar al ganado. La bebida directa de los animales supone cantidades significativas, aunque variables según las especies. Luego está la limpieza de los propios animales y de las instalaciones para disminuir el riesgo de enfermedades (por ejemplo, en los mataderos, la zona de despiece y procesado básico también demanda agua). Y, claro, estos caudales utilizados quedan contaminados, lo que puede provocar una contaminación de las aguas superficiales, las subterráneas y del suelo si no se gestiona adecuadamente la depuración, por lo que masas de agua podrían quedar inutilizadas para ciertos usos exigentes en calidad, lo que supone un conflicto de intereses con otros usuarios.

Abastecimiento industrial

A medida que las sociedades se desarrollan, no solo comen mejor y más variado; también usan más productos fabricados en industrias.

El crecimiento industrial, inherente a cualquier proceso de desarrollo socioeconómico, también significa un aumento de la demanda de agua. Todo lo que nos rodea, desde el sillón en el que estamos sentados, la ropa con que nos vestimos o el vehículo que utilizamos para desplazarnos, ha salido de alguna fábrica que necesita agua para sus procesos (es la llamada «agua virtual»). La cantidad de agua que demanda cada sector industrial es muy variable; por ejemplo, las fábricas papeleras requieren grandes cantidades, por eso la mayoría se instalan cerca de ríos que les aseguren un caudal mínimo. En consecuencia, sin abastecimiento no hay producción, de modo que asegurar este recurso favorece la localización de la industria, mientras que lo contrario la aleja.

Vayamos a un caso concreto para entender la magnitud. La fabricación de un pantalón vaquero disponible para el usuario demanda aproximadamente 15.000 litros de agua. Lo mismo que con el kilo de carne, nos puede parecer una cifra exagerada llevar encima una huella hídrica (es decir, el volumen total de agua utilizada para producir los bienes y servicios consumidos por un individuo, por un grupo de personas o por un país, respectivamente) de 15 toneladas, pero tiene su explicación. La materia prima con que se confecciona esta prenda es el algodón, que es una planta que se cultiva en climas cálidos de fuerte evapotranspiración en regadío. El uso del agua para su cultivo varía en función del clima, el tipo de suelo (más o menos filtrante) y el método de riego (inundación, aspersión, etc.), pero oscila entre 7.000 y 10.000 m^3 por hectárea y año. Los procesos de lavado del algodón, hilado, tejido, tintura y fabricación del pantalón también utilizan agua, y si este es de tela envejecida artificialmente, además hay que añadir productos químicos.

Se calcula que, a escala planetaria, la demanda industrial está en torno al 20% del total. El porcentaje es mucho menor que el del regadío, pero los problemas de contaminación suelen ser mayores (con los conflictos que ello supone). En este caso, la industria cuenta con una ventaja, pues se trata de una contaminación concentrada en los sistemas de desagüe, por lo que puede ser conducida con facilidad para su tratamiento en plantas depuradoras.

La demanda de agua para uso industrial ha crecido de forma muy notable en algunos países emergentes, especialmente los asiáticos, con China (6-7% de los recursos hídricos mundiales) y la India (4%, y en descenso) al frente. En el caso de China, la demanda de agua industrial aumenta aproximadamente un 5% anual (Hidalgo, 2022). En cuanto a los países occidentales más avanzados, el consumo se mantiene estable o en algunos casos ha disminuido ligeramente al aumentar la eficiencia en el tratamiento de este recurso.

En muchos países emergentes, los sistemas de depuración de aguas tanto industriales como urbanas no son los adecuados, por lo que los vertidos provocan problemas graves de contaminación. En 2021, los vertidos de China alcanzaron los 55.700 millones de metros cúbicos, de los cuales unos 15.600 procedían de la industria y el resto, de usos domésticos (suelen ir de la mano). Como consecuencia de esta situación, un 75% de la población bebe agua de escasa calidad, y el 30% ni siquiera es utilizable por la industria o la agricultura a pesar de sus menores requerimientos de calidad (Hidalgo, 2022). Esta situación, además de provocar escasez de agua (no por escasez, sino por calidad), es una fuente de conflictos entre usuarios.

En la India el panorama no es muy diferente. El país más poblado del mundo actualmente afronta un rápido crecimiento de la demanda de agua para uso industrial: se calcula que para 2025 alcanzará los 50.000 millones de metros cúbicos. La capacidad de depuración ronda el 40%, pero se estima que solo se trata algo menos del 30% de las aguas residuales de origen urbano que incluyen los usos industriales, por lo que los problemas de contaminación son graves, pues un 70% de las aguas superficiales están en mal estado (iAgua, 2021). También hay una presión importante sobre los recursos subterráneos, lo que en muchas regiones se traduce en una disminución significativa de los niveles freáticos.

Por otra parte, en los últimos años está creciendo la demanda de agua para la refrigeración de centros de datos relacionados con la generalización de internet y de la inteligencia artificial, cuyas instalaciones deben mantenerse a unas temperaturas moderadas y constantes (lo más frecuente es entre 20 y 24 grados, con una humedad relativa del 40 al 60%), lo que obliga en muchos casos a utilizar caudales de agua para la refrigeración o la humectación. No son demandas importantes, pero sí imprescindibles para su correcto funcionamiento, lo que en algunos casos puede suscitar conflictos con usos ya consolidados. A nuestro juicio, estos se deben más a la novedad de la instalación de estos sectores de tecnología avanzada y a las incertidumbres correspondientes, que a una demanda elevada que pueda restar recursos de forma significativa.

La aplicación de la inteligencia artificial al sector de la gestión de recursos hídricos es todavía muy incipiente, pero se abren unas perspectivas muy interesantes en la optimización del recurso para diferentes usos en función de sus necesidades, el diseño de redes de distribución o de sistemas eficientes de riego, la modelización de inundaciones, la resiliencia frente a sequías, la identificación de acuíferos, etc. La disponibilidad de datos hidrológicos es clave para avanzar en la precisión de los algoritmos.

Agua y energía, un matrimonio muy unido

El agua y la energía son dos recursos fuertemente interconectados en el sector industrial: la captación de agua en muchos casos se hace mediante bombeo, su distribución frecuentemente también necesita impulsos y la potabilización y depuración siempre usan electricidad.

La producción de hidroelectricidad usa la fuerza del agua para mover las turbinas, que liberan agua cuando lo requiere la demanda de electricidad o los precios están elevados, o bien retienen caudales cuando no interesa producir electricidad. Esta gestión no supone una disminución del recurso hídrico, pero sí cambios en el régimen fluvial aguas abajo de las centrales, y, por tanto, conflictos. Si se trata de ríos internacionales, dichas alteraciones pueden provocar tensiones entre los países que controlan las cabeceras y los situados en los tramos medios y bajos, al tener intereses contrapuestos en cuanto a los periodos de retención o suelta de caudales.

Asimismo, la fabricación de los componentes necesarios para otras energías renovables también necesitan agua. Por ejemplo, el refinado de productos petrolíferos requiere, por término medio, entre 80 y 400 litros por barril de petróleo refinado. Estas variaciones se deben a la diferencia en los procesos utilizados; lógicamente, si hay sistemas de reciclado, esta demanda disminuye.

En cuanto a las centrales térmicas y nucleares, su refrigeración es inviable sin usar importantes caudales, por lo que siempre se localizan en lugares donde el abastecimiento está garantizado (cerca de grandes ríos o embalses, o bien en la orilla del mar). En el caso de España, las centrales nucleares de Ascó, Zorita o Almaraz se sitúan junto a ríos de caudal asegurado, y Vandellós está en la costa del Mediterráneo. Cuando se decidió la instalación de la central térmica de Andorra (provincia de Teruel), una localidad rica en minas de carbón, como el agua no era suficiente, se construyó el embalse de Calanda en el río Guadalope para conducir allí los caudales de refrigeración. Buena parte del caudal utilizado se transforma en vapor, lo que significa una reducción del recurso disponible en la zona, lo cual supone otra potencial fuente de conflictos entre usuarios.

No es extraño, pues, que la FAO afirme lo siguiente: «El nexo agua-energía-alimentos consiste en comprender y gestionar intereses a menudo contrapuestos, al tiempo que se garantiza la integridad de los ecosistemas», más aún cuando se prevé que la demanda de agua del sector eléctrico mundial puede aumentar hasta un 50% para 2050, en comparación con el nivel de 2020 (Hidalgo, 2023).

Complicaciones derivadas

El uso excesivo de aguas superficiales (la denominada «sobreextracción» de sus cauces naturales) es fuente de numerosos problemas que pueden derivar en conflictos entre usuarios y entre territorios, que se agravan si son de diferentes estados y afectan a la navegación, la pesca o generan un aumento de la contaminación. En este último caso, los principales contaminantes son:

• Exceso de materia orgánica biodegradable, lo que puede causar eutrofización y la consiguiente disminución del oxígeno disuelto en agua, letal para algunas especies.
• Exceso de sólidos, lo que aumenta la turbidez y dificulta la entrada de la luz.
• Presencia de sustancias peligrosas que pueden provocar toxicidad.
• Presencia de agentes tensoactivos (espumas) que generan una capa superficial que dificulta la oxigenación, con el consiguiente empobrecimiento de oxígeno disuelto.
• Contaminación térmica por elevación de la temperatura al utilizar el agua para refrigerar, lo que también disminuye la presencia de oxígeno disuelto.
• Presencia de gérmenes patógenos que causan enfermedades.

La contaminación también se agrava con la excesiva extracción de caudales de sus cauces naturales, pues, al llevar menos caudal, los ríos tienen menor capacidad de dilución de los contaminantes, y al aumentar su concentración originan más consecuencias negativas.

En el mundo hay muchos ríos en los que se detectan problemas de exceso de extracción, como el Nilo (que aporta pocos caudales al Mediterráneo, sobre todo por el uso de sus aguas para regadío), el Jordán, el Amu Daria y el Sir Daria (cuya disminución de caudales ha provocado la crisis del mar de Aral), el Colorado y el río Grande, que llegan exhaustos a su desembocadura, o muchos ríos de China (el Yangtsé y, especialmente, el Huang-He o río Amarillo).

Con respecto a la sobreextracción de aguas subterráneas, la disminución de los niveles del freático puede causar escasez en los usos que dependen de ellos (abastecimiento, regadío, etc.), disminución de la humedad en el suelo (perjudicando a la vegetación y las zonas húmedas), pérdida de fuentes y manantiales (que implica menos volumen de agua superficial) y hundimientos en los suelos (si afectan a zonas urbanizadas, implican fuertes costes económicos). Si se trata de acuíferos costeros, la extracción excesiva facilita la entrada de aguas marinas, con la consiguiente salinización y el progresivo deterioro del acuífero.

Uno de los tipos de contaminación señalados, la presencia de gérmenes patógenos, da origen a enfermedades relacionadas con el agua. Quizá la más directamente relacionada sea el cólera, causado por la presencia de la bacteria *Vibrio cholerae* en aguas superficiales o subterráneas. Se trata de una enfermedad diarreica aguda que puede causar la muerte y cuyo riesgo disminuye mucho con un adecuado suministro de agua potable y una buena red de alcantarillado. Según la Organización Mundial de la Salud, cada año hay en el mundo entre 1,3 y 4 millones de casos de cólera, y entre 21.000 y 143.000 defunciones por su causa, con tendencia a aumentar.

Otra enfermedad directamente relacionada con el agua es la malaria o paludismo. Se produce por la picadura de la hembra de algunas especies del mosquito *Anopheles* cuando busca alimentarse con la sangre. Esta picadura puede inocular el parásito *Plasmodium* que vive en su saliva. La enfermedad se localiza fundamentalmente en zonas tropicales, pues el parásito necesita temperaturas superiores a 16 grados. En climas templados la transmisión es solo estacional. Los mosquitos *Anopheles* hembra ponen sus huevos en el agua, donde las crías pasan tres cuartas partes de su vida. La presencia de agua estancada es un medio ideal para su desarrollo. Por lo tanto, aunque no se trata de una enfermedad debido a la presencia de gérmenes directamente en el agua, una buena gestión del medio hídrico puede ayudar a su disminución, basada principalmente en evitar la presencia de masas de agua estancada (charcos, acequias no revestidas con limos, contenedores, lagunas, etc.). Es necesario revestir de cemento canales y acequias, realizar limpiezas periódicas de malezas en zonas húmedas, pues son lugares favorables para la cría del mosquito, y priorizar los sistemas de riego por aspersión y goteo sobre los de inundación.

4

El esfuerzo por un abastecimiento asegurado

LA RAZÓN FUNDAMENTAL DE UN ESTADO es mejorar la vida de sus ciudadanos, y, como es lógico, el acceso asegurado a un agua de calidad es fundamental. Para ello, los países aplican muy diferentes estrategias, con frecuencia combinadas en función de muchos factores (abundancia de agua, relieve, clima, tecnología...). Veamos a continuación las más importantes.

Embalses

El almacenamiento de agua mediante embalses para su posterior distribución es uno de los sistemas más tradicionales. Un embalse es una reserva de agua de capacidad muy variable generada por un dique artificial (presa) en el que se puede controlar la cantidad de agua almacenada mediante los sistemas de retención y suelta, es decir, las compuertas y los desagües. Un embalse tiene, por lo tanto, capacidad de regulación del río en el que se localiza, permitiendo una gestión activa del agua almacenada.

Los embalses son una pieza clave en muchos países para la gestión del agua, especialmente en zonas con periodos lluviosos y secos muy marcados. A menudo su construcción es polémica, especialmente en el entorno, por lo que consideramos importante exponer sus principales ventajas e inconvenientes.

Entre las ventajas, cabe destacar las siguientes:

- Permiten almacenar agua y tenerla disponible para los periodos en los que se necesita, muy útil sobre todo en climas con periodos secos como el de la cuenca del Mediterráneo. Con ello se pueden cubrir las demandas para el abastecimiento a la población, la industria y especialmente el regadío.
- Muchos posibilitan la generación de energía hidroeléctrica, que es renovable y no emite elementos contaminantes ni CO_2.
- Ayudan a regular el caudal de los ríos, por lo que son útiles para disminuir los efectos negativos de las inundaciones si se gestionan correctamente.
- En muchos de ellos se pueden desarrollar actividades de ocio y turismo, dinamizando así la economía del entorno.
- En ocasiones se generan en los propios embalses ecosistemas de gran valor natural (especialmente adecuados para las aves acuáticas).

Entre las desventajas debemos destacar:

- Inundan valles y tramos de ríos, a veces de gran valor natural y paisajístico.
- Se altera la dinámica natural de río, pues se rompe su perfil de equilibrio.

- Se cambia el régimen fluvial. El reparto natural del caudal a lo largo del año se altera porque se almacena agua cuando este es abundante y se suelta en los periodos en los que la sociedad demanda agua.

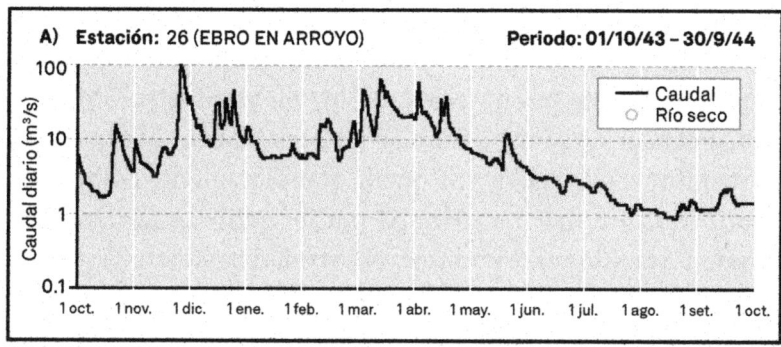

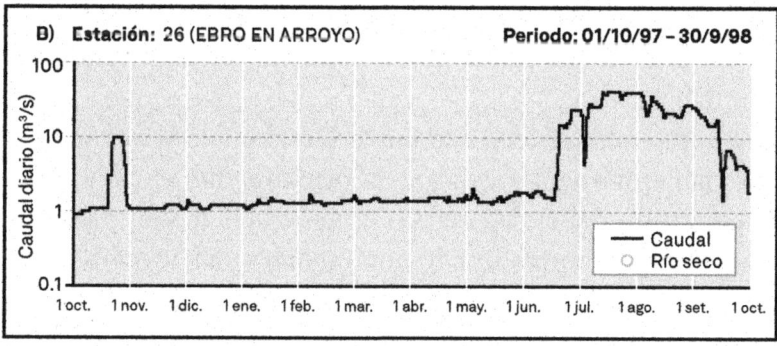

En este gráfico observamos un ejemplo de lo señalado. En la parte de arriba se aprecia el caudal del Ebro en la estación de aforo de Arroyo (Cantabria) con un régimen natural, pues no había entrado en funcionamiento el embalse del Ebro. El río refleja con caudales altos las lluvias de los meses de invierno, con picos de caudal de hasta 100 m^3/s y una clara disminución en los meses de verano (hasta 1 m^3/s). En el gráfico inferior, con el embalse del Ebro ya operativo, vemos que el régimen se ha invertido, con un escaso caudal durante los meses de invierno, al almacenarse el agua en el embalse, y caudales muy superiores en los de verano, meses en los que se suelta agua para satisfacer las necesidades de abastecimiento y muy especialmente de regadío.

Los embalses funcionan como una gran balsa de decantación, por lo que buena parte de los elementos sólidos que transporta el río se depositan en él. Poco a poco, su capacidad va disminuyendo hasta que queda completamente colmatado y, por lo tanto, inoperativo. Al perder sedimentos, los ríos tienden a erosionarse con más intensidad aguas abajo.

Las presas son una barrera para las especies piscícolas migratorias. Este problema se puede solventar con la instalación de escalas salmoneras que permiten a los peces salvar el desnivel que crea una presa, pero solamente son útiles en las de pequeño tamaño.

En los embalses con uso hidroeléctrico, al soltar caudales para generar energía, se cambia bruscamente el caudal y la temperatura del río aguas abajo, pues suelen salir aguas de fondo a baja temperatura, lo que supone una situación de estrés para el ecosistema situado aguas abajo.

Asimismo, para la construcción de un embalse a veces se aprovechan zonas húmedas anteriores, como lagos de alta montaña, lo que significa su desnaturalización. Esto es frecuente en los Pirineos, donde bastantes ibones (lagos de alta montaña de origen glaciar) han sido recrecidos mediante presas y convertidos en embalses de uso hidroeléctrico.

Ibón de Respomuso (Huesca), recrecido para su aprovechamiento hidroeléctrico.

La construcción de embalses acostumbra a ser un tema polémico. Con frecuencia, las poblaciones del entorno próximo se sienten directamente perjudicadas por las desventajas de que comporta la infraestructura, mientras que los más beneficiados suelen estar lejos del embalse, y en ocasiones ni siquiera son conscientes de los beneficios que reciben de él. La decisión de construir un embalse, por lo tanto, debe poner en la balanza los beneficios e inconvenientes buscando siempre el mayor bien común.

La tecnología actual permite la construcción de grandes presas. Hasta hace unos años, la de mayor capacidad del planeta era la de Itaipú, en el río Paraná, en las fronteras entre Paraguay y Brasil. Fue fruto de un acuerdo bilateral entre ambos países y entró en funcionamiento en 1984. Ha sido la mayor productora de hidroelectricidad del mundo, con 20 turbinas, y hasta 2011 fue la mayor presa del mundo. Sus datos son impresionantes: más de 7,5 kilómetros de longitud en su coronación (parte superior), 196 metros de altura y 120 metros de salto de agua; genera un embalse de 29.000 hm^3 con unos 200 kilómetros de longitud en línea recta, y un área inundada aproximada de 1.400 km^2.

Itaipú es un magnífico ejemplo de cooperación internacional con el nexo del agua y la generación de energía hidroeléctrica que beneficia a los dos países y que, además, sirvió para evitar un posible conflicto bélico entre ambos por cuestiones fronterizas. En el Tratado de Loizaga-Cotegipe (1872), Brasil y Paraguay delimitaron sus fronteras de manera ambigua, lo que generó una situación de debilidad para Paraguay, la delimitación no se materializó sobre el terreno mediante demarcación y a mediados de la década de 1960 aumentó la tensión por la ocupación brasileña de los Saltos del Guairá (situados en la zona en disputa) y de la ciudad paraguaya de Puerto Renato. Tras la crisis y con la mediación norteamericana, ambos países firmaron en 1966 el Acta de Iguazú, que creaba una comisión mixta para estudiar el posible aprovechamiento conjunto de las aguas del Paraná y que derivó en el Tratado de Itaipú (1973), un acuerdo bilateral que permitió la construcción de la presa.

Semejante infraestructura lógicamente causó un impacto ambiental y social grande. Las repercusiones antes descritas son aplicables a la presa de Itaipú, pero debemos añadir que fue necesaria la deforestación de una gran superficie de tierra que iba a ser inundada en una zona de alta biodiversidad y gran valor ambiental, por lo que la pérdida de ecosistemas y fauna fue enorme. También fueron inundadas unas 47 ocupaciones y 9 aldeas en el lado brasileño y 38 en el paraguayo. No era una zona densamente poblada, pero se calcula que unas 40.000 personas fueron trasladadas de su lugar de residencia. La empresa Itaipú Binacional ha establecido programas de mitigación ambiental, como proyectos de reforestación y conservación de áreas protegidas en las proximidades del embalse y ha desarrollado programas sociales para mejorar la infraestructura y las condiciones de vida en las comunidades afectadas.

Desde 2011 y hasta la actualidad, la mayor presa del mundo es la de las Tres Gargantas, en el río Yangtsé (China). Se trata de una infraestructura clave para el gigante asiático, por lo que vale la pena detenernos en sus características, efectos y reacción social.

El Yangtsé es un río que discurre íntegramente por China, lo mismo que su cuenca. Es el tercero en longitud del mundo (6.300 km) y también se le considera el tercero más caudaloso del mundo, con unos 30.000 m^3 de media en desembocadura, aunque con importantes fluctuaciones debido a las lluvias monzónicas. Sus máximos caudales son en verano, época en la que puede provocar inundaciones si las lluvias monzónicas son abundantes, mientras que el mínimo se produce en los meses invernales. En su tramo medio, el río abre unos enormes cañones para pasar de la meseta interior a la llanura litoral, y estos fueron los que aprovecharon para construir la presa.

Su altura es de 183 metros sobre los cimientos, con una longitud de 2.310 metros en la parte superior (coronación). La capacidad del embalse con llenado a cota de 175 metros es de 39.300 hm^3, con un lago de casi 1.100 km^2, lo que lo convierte en el embalse de mayor volumen almacenado del mundo tras su llenado por fases.

Su construcción se propuso por primera vez en 1919 y se presentó como un gran sueño del pueblo chino; en los años cincuenta se estudiaron algunos aspectos del proyecto y en febrero de 1992, la Agencia Nacional de Protección del Medio

Ambiente (ANPMA) aprobó la declaración de impacto ambiental. En ella se recogen los principales impactos ambientales positivos, que son los dos siguientes (Cifrés, 2001):

- Control efectivo de las inundaciones y disminución de sus daños, habituales en época estival debido a las lluvias monzónicas; representan un verdadero azote para China por las enormes pérdidas económicas y humanas que causan, especialmente en las llanuras fluviales del este.
- Incremento del caudal de estiaje en desembocadura (se produce en invierno, el periodo más seco), mejorando la calidad del agua al aumentar su capacidad de dilución de contaminantes.

También se recogen los principales efectos negativos:

- Inundación de tierras de cultivo, eliminación de vegetación y desaparición de ecosistemas ribereños en la zona inundada.
- Al quedar el agua embalsada, disminuye su velocidad de flujo, lo que dificulta la oxigenación.
- Cambia el hábitat, lo que puede afectar a algunas especies en peligro de extinción, como delfines y esturiones autóctonos.
- Se favorece la decantación de sólidos, lo que condiciona la capacidad del embalse.
- Se disminuyen los caudales que llegan al estuario en el total de aportaciones, lo que puede favorecer la salinización de los acuíferos por intrusiones marinas.

Asimismo, se establecieron una serie de medidas correctoras para mitigar los efectos negativos, como reforestaciones, control de la contaminación o intensificación del cuidado de especies amenazadas.

En cuanto a los importantes impactos sobre el medio socioeconómico, se detectó una pérdida de patrimonio arqueológico e histórico en la zona inundada, así como el traslado forzoso de población, que se calculó que afectaría a unas 850.000 personas; sin embargo, por diferentes causas (alguna sorprendente), se planificó una operación de traslado para casi 1,2 millones.

Desde nuestra mentalidad occidental e inmersos en la visión conservacionista dominante, parecería lógico que un proyecto de tal envergadura y con profundas consecuencias ambientales y sociales tuviera una fuerte oposición, pero esos conceptos en China no son aplicables teniendo en cuenta su forma de pensar y el régimen político que dirige al país. Por todo ello, la mayoría de la población ve este proyecto como una gesta nacional que aporta desarrollo y modernidad, ayudando a muchos de ellos a salir de la pobreza y a vivir mejor. Incluso entre la población directamente afectada por los traslados forzosos, los jóvenes en general entendieron que era una oportunidad de mejorar su calidad de vida y de prosperar. En cambio, los más ancianos se mostraron algo más reticentes, pero no se produjeron resistencias organizadas significativas.

La población trasladada de manera forzosa fue trasladada a casas de mayor superficie y calidad que las originarias, y los agricultores fueron reubicados en la zona del este del río, más desarrollada, y las explotaciones asignadas se orientaron a una agricultura de mayor productividad para mejorar así el nivel de vida. Estas circunstancias favorables provocaron un «efecto llamada» entre poblaciones no afectadas por el embalse, que acudieron a instalarse en la zona inundable para beneficiarse de los programas de realojamiento.

Los principales beneficios que se esperan de la gran obra son:

- Generación de energía eléctrica sin emisión de contaminantes ni de CO_2. Se calcula una producción anual de 84,7 teravatios-hora (TWh), lo que equivale a quince centrales térmicas, cada una de 1.200 megavatios (MW), lo que significa dejar de emitir unos 100 millones de toneladas métricas (Tm) de CO_2, además de enormes cantidades de contaminantes como óxidos de nitrógeno, cenizas y material particulado. La energía se dirige al centro, al este y a algunas regiones del interior de China, lo que asegura el suministro a la población y favorece la industrialización.
- Control de avenidas. Se calcula que en el siglo XX unas 400.000 personas murieron directamente por las avenidas del Yangtsé, a lo que hay que sumar los fallecidos por causas indirectas (enfermedades derivadas, desnutrición o plagas). En consecuencia, más de la mitad de la capacidad del embalse se dedica a laminar estas avenidas.
- Mejoras en la navegación. La presa cuenta con sistemas de esclusas y ascensores que permitirán que barcos de hasta 10.000 Tm alcancen la ciudad de Chongqing, mejorando las comunicaciones entre el este y el centro del país. La navegación aguas arriba de la presa será más segura durante todo el año al evitarse los periodos de estiaje y las turbulencias del río en las gargantas.
- Almacenamiento de grandes cantidades de agua susceptible de ser trasvasada a las regiones del norte, muy industrializadas y más pobres en recursos hídricos que el centro y el sur de China.

Trasvases

Además de la construcción de embalses, los estados con frecuencia recurren a los trasvases para la distribución territorial de los recursos hídricos. Un trasvase consiste en llevar caudales de una cuenca hidrográfica a otra, por lo que siempre hay una cuenca que pierde agua (cuenca cedente) y otra que gana (cuenca receptora). Normalmente van asociados a la construcción de embalses de almacenaje en la cuenca cedente y de transporte a la receptora mediante canales o tuberías, por lo que se suman las polémicas por todas estas infraestructuras.

En muchos países del mundo, especialmente los que tienen climas diferentes, como España, es muy habitual que cuenten con zonas ricas en recursos hídricos y otras mucho más pobres, por lo que acostumbra a aplicarse el recurso de los trasvases, sobre todo si en las zonas con recursos más escasos hay bastante población y dinamismo económico; por ejemplo, la costa mediterránea española.

Los trasvases son otro magnífico ejemplo para ilustrar los distintos intereses —a veces contrapuestos— que se concitan en torno al agua. La oposición suele ser intensa en la cuenca cedente porque ve perder parte de sus recursos; por el contrario, en la receptora la aceptación es mayor porque, al aumentar sus recursos hídricos, su población percibe mayores garantías para cubrir las demandas y más posibilidades de desarrollo económico. Como es lógico, cada parte defiende sus intereses con las herramientas de las que dispone, por lo que la decisión de realizar un trasvase, teniendo en cuenta que siempre va a haber perjudicados y beneficiados, ha de sopesar de manera equilibrada cuál es la mejor decisión para lograr el bien común y establecer medidas de compensación para los perjudicados.

Cuando una cuenca aspira a recibir agua de otra, con frecuencia se alega que son aguas «sobrantes», pero este concepto es muy discutible, pues es necesario que los ríos lleven agua hasta el mar (al menos, parte de su caudal natural) para evitar, entre otros problemas, el de la salinización en los acuíferos y las zonas costeras, y también para diluir los contaminantes y mantener el ecosistema fluvial. Los caudales en momentos de riadas (a los que en ocasiones también se denominan «sobrantes» y, por lo tanto, susceptibles de ser trasvasados) no suelen ser aprovechables porque no hay forma de almacenarlos. Además, cuando se realiza un trasvase se crean dependencias en la cuenca receptora normalmente vinculadas a concesiones legalizadas de caudales, por lo que se consolidan esos usos de agua procedentes de la cuenca cedente y no es posible «cerrar el grifo», pues quedarían desabastecidas esas demandas. Si de forma circunstancial hay escasez en la cuenca cedente, se plantea un problema sobre cómo distribuir los recursos entre unos y otros dado que ya existen concesiones legales en la receptora.

En nuestro país, los trasvases están rodeados de fuertes polémicas, por lo que creemos interesante describir brevemente cuáles son los que hoy en día tienen una mayor relevancia.

Trasvase Ebro-Besaya (Cantabria)

Se trata de un trasvase reversible (puede llevar agua indistintamente del Ebro a las cuencas del Saja-Besaya, o al revés) para asegurar los suministros a los núcleos industriales de Los Corrales de Buelna y de Torrelavega, pues en verano el Besaya a veces no es suficiente para cubrir las demandas por el reducido tamaño de su cuenca. Habitualmente, en invierno se lleva agua del Besaya al embalse del Ebro, donde se almacena, y en verano se devuelve a la cuenca de origen. Lo gestiona la Confederación Hidrográfica del Norte desde que empezó a funcionar (año 1982) y el caudal máximo trasvasado es de 22 hm^3 anuales.

Trasvase de la cuenca del Ebro a Bilbao

Toma las aguas de los embalses del Zadorra localizados en Álava, el Ullíbarri y el Urrúnaga, se turbinan en el salto de Barazar y se utiliza para cubrir las demandas del área metropolitana de Bilbao. Sus obras se iniciaron en 1934, pero su explotación comenzó en 1967. El caudal anual trasvasado es de unos 60 hm^3, pero varía en función de las condiciones climáticas.

Trasvase desde el Delta del Ebro hasta la zona de Tarragona

También denominado «Minitrasvase», está en funcionamiento desde 1989 y tiene una capacidad máxima de transporte de 4 m^3/s, lo que supone una concesión máxima de 110 hm^3 anuales, aunque puede variar en función de las necesidades de la zona receptora. Esta concesión lo convierte en el trasvase desde la cuenca del Ebro con más caudal transferido. Sus objetivos son cubrir las demandas de agua del Campo de Tarragona para el abastecimiento a la población, la agricultura y muy especialmente para la industria petroquímica.

Desde el primer momento fue una infraestructura muy polémica. La población ribereña del Bajo Ebro y varias asociaciones ecologistas se opusieron argumentando que la extracción de agua tendría consecuencias ambientales muy dañinas, pues al disminuir el caudal del Ebro en su tramo bajo facilitaría la salinización de los acuíferos del Delta, así como la intensificación de la cuña salina en el mismo cauce del río. Esta cuña salina supone que las aguas del cauce del Ebro ya proceden del mar en los últimos kilómetros debido a la escasez de caudal, por lo que las aguas dulces (más ligeras) discurren sobre ellas, con el consiguiente deterioro para los hábitats fluviales. También hubo oposición por cuestiones de justicia territorial al considerar que los caudales trasvasados fuera de la cuenca podrían perjudicar a los usos de agua en el Delta, aunque son concesiones legales y regadíos consolidados.

Uno de los principales argumentos de oposición al trasvase fue que podrían iniciarse transferencias mayores mediante la prolongación de la infraestructura desde Tarragona hasta Barcelona (algo que se ha propuesto en numerosas ocasiones, especialmente en momentos de sequía) o por nuevos trasvases para cubrir las demandas de agua del Levante español con caudales del Ebro.

Trasvase de la cuenca del Guadalquivir al Almanzora

Capta las aguas en el embalse de Negratín, situado en la provincia de Granada y la cuenca del Guadiana Menor (afluente del Guadalquivir). La concesión máxima anual es de 50 hm^3 que se trasvasan a la cuenca del Almanzora, río del sudeste peninsular cuya cuenca tiene un clima mediterráneo semiárido y suele quedar seco en los meses de verano. En esta cuenca se almacena en el embalse de Cuevas del Almanzora y se utiliza para el abastecimiento a la población y especialmente para satisfacer las demandas de la agricultura intensiva bajo plásticos orientada a la exportación que se ha desarrollado en casi toda la provincia de Almería en los últimos años. El trasvase es crucial para satisfacer estas demandas, pero está sujeto a limitaciones si el embalse de Negratín se encuentra por debajo de determinados límites en función de las características hidrológicas de cada año.

Trasvase Tajo-Segura

Capta agua en la cabecera del Tajo, regulada en los embalses de Entrepeñas y Buendía y derivadas en el de Bolarque. Fue planteado por primera vez en el Plan Nacional de Obras Hidráulicas de 1933, y tras un paréntesis de varias décadas, se retomó en 1967; un año después se iniciaron las obras de construcción. Comenzó su explotación en 1979 y sigue siendo el trasvase operativo de mayor entidad de España, pues, según la ley, permite un caudal anual máximo de 600 hm^3, aunque los volúmenes de agua trasvasados dependen de muchos factores, como la situación hidrológica de ambas cuencas. También permite derivar caudales a la cuenca del Guadiana para aumentar la llegada de caudales superficiales al Parque Nacional de las Tablas de Daimiel.

En condiciones hidrológicas normales, la decisión sobre los volúmenes y los caudales que procede trasvasar en cada semestre corresponde a la Comisión Central de Explotación del Acueducto Tajo-Segura, creada en 1978 e integrada por representantes de los organismos de gestión de cada una de las cuencas implicadas. En circunstancias hidrológicas excepcionales, esta decisión la adopta el ministro que tenga atribuidas las competencias en materia de agua, previo informe de la Comisión.

El destino del agua es el abastecimiento a algunas poblaciones y muy especialmente el regadío. Ha sido clave para el

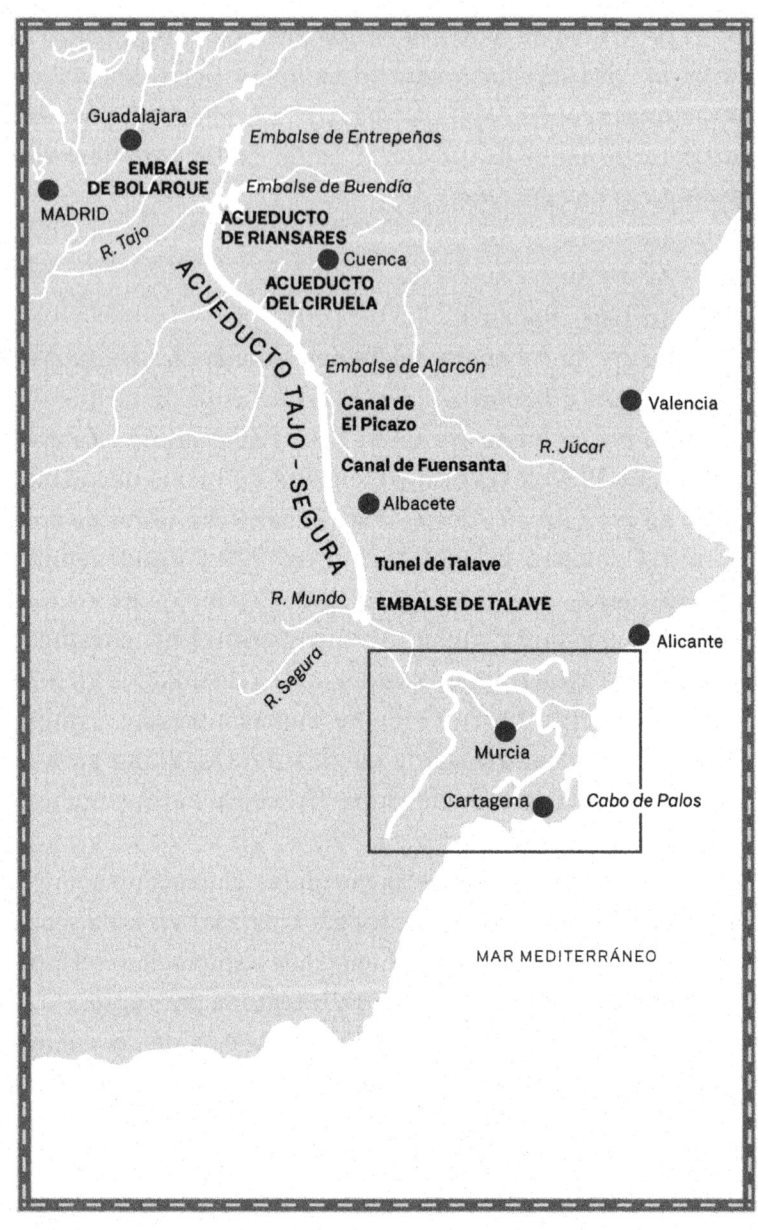

Trazado del Trasvase Tajo-Segura.

desarrollo de la agricultura intensiva de regadío, parcialmente bajo plásticos en las provincias de Alicante, Murcia y Almería, que son las más beneficiadas, pues la superficie regada se ha multiplicado.

Una infraestructura de este tipo y con esta envergadura ha sido y sigue siendo fuente de polémica, sobre todo en dos aspectos:

- Impacto ambiental, sobre la cuenca cedente (Tajo). La disminución de caudales circulantes por el Tajo afecta al ecosistema fluvial, especialmente aguas abajo de la desembocadura del Jarama, que recoge las aguas del Manzanares, pues aunque haya sistemas de depuración, los vertidos de Madrid y de su zona urbana e industrial aledaña son de gran envergadura. La detracción de aguas hacia otras cuencas provoca disminución en la capacidad de dilución de contaminantes.

- Conflicto territorial. Como es lógico, las comunidades beneficiadas, especialmente las provincias de Murcia, Alicante y Almería, argumentan que el agua procedente del trasvase es vital para cubrir ciertos abastecimientos a la población permanente y al turismo, así como para el mantenimiento de la agricultura de alta productividad. Por el contrario, Castilla-La Mancha argumenta que pierde recursos hídricos, lo cual es cierto, aunque también se beneficia parcialmente de los caudales derivados al Parque Nacional de las Tablas de Daimiel. En numerosas ocasiones ha pedido la reducción de los recursos trasvasados, algo que se hace en situación de sequía cuando los embalses que los aportan están en niveles bajos.

Como hemos comentado, ante el conflicto creado por intereses encontrados, cada territorio defiende legítimamente los suyos. Pero cuando los usos del agua en la cuenca receptora están consolidados y sustentan una economía tan potente, se pueden y se deben realizar políticas de optimización del uso del agua, como se están implementando desde hace tiempo en estos territorios. No obstante, es casi imposible llegar a una situación de cierre total de las transferencias de caudal, aunque en los últimos años el Gobierno de España ha aumentado los caudales ecológicos del Tajo y ha disminuido las transferencias, con el lógico enfado de los agricultores del sudeste. Un trasvase, cuando entra en funcionamiento, crea una serie de dependencias y, por regla general, un aumento en la demanda de agua en los territorios beneficiados, por lo que la decisión de llevarlo a cabo y de su gestión posterior ha de ser muy meditada, intentando minimizar en lo posible los perjuicios en la cuenca cedente.

Las tensiones por los caudales a transferir se intensifican en momentos de escasez de agua, pues todos los usuarios, tanto de la cuenca cedente como de la receptora, consideran que sus usos son muy importantes, prioritarios y legales, lo cual es cierto si disponen de la concesión. Pero si no hay agua y los embalses de la cabecera del Tajo están bajos, poco se puede hacer más allá de acordar unos caudales mínimos para unos y para otros buscando el menor perjuicio.

En el caso del trasvase Tajo-Segura hay un factor que complica la situación, pues la cuenca del Tajo es compartida con Portugal, por lo que el país vecino se convierte en otro actor fundamental en su gestión.

En 1998, España y Portugal firmaron el Convenio de Albufeira por el que España se compromete a dejar pasar una determinada cantidad de agua a Portugal acordada de forma anual y trimestral para evitar que el caudal se concentre en un periodo del año y quede exhausto otros meses. El trasvase y el convenio están conectados, pues el primero afecta directamente al caudal del Tajo y, por lo tanto, puede afectar a los caudales que España se ha comprometido a dejar fluir a Portugal para el abastecimiento y la conservación del ecosistema fluvial.

El aumento del caudal ecológico del Tajo y la disminución del agua trasvasada al sudeste van en beneficio del cumplimiento del compromiso adquirido por España con Portugal en el convenio, que será tratado de nuevo en capítulos posteriores.

Aunque hay otros trasvases que no mencionamos por ser de menor cuantía, queremos destacar dos proyectos de trasvases no materializados en este momento, pero cuya mención suele ser polémica.

El primero es el trasvase del Guadiana al Guadalquivir, al Tinto y al Odiel desde la presa de Alqueva (Portugal), con un volumen planteado de 100 hm^3 anuales (ampliables a 200).

El segundo es el trasvase del Ebro hacia la costa del Mediterráneo; sin duda es el proyecto de trasvase por excelencia, cuya propuesta viene de antiguo y ha sufrido numerosos impulsos y cancelaciones.

El origen del proyecto surgió en la segunda mitad del siglo XIX, en 1865, cuando se elaboró un proyecto no materializado de llevar agua del Ebro al Júcar. Se retomó con fuerza en la década de 1930, durante la Segunda República, en la que hubo varias iniciativas que no se concretaron por el inicio de la Guerra Civil. La política hidráulica de los años cuarenta le dio un nuevo impulso y en los años sesenta la idea fue retomada con proyectos concretos que no se materializaron. El Plan Hidrológico Nacional de 1993, bajo el Gobierno de Felipe González, lo recogía, pero tampoco se materializó debido a la oposición política en la cuenca cedente y a la falta de acuerdo para su financiación. El Plan Hidrológico Nacional de 2001 elaborado por el Gobierno de José María Aznar lo volvió a recoger, estableciendo un caudal asignado para el trasvase de 1.050 hm³ anuales, con dos ramales que sumaban 914 kilómetros de tubería: por el sur hacia la Comunidad Valenciana, Murcia y Almería, y por el norte a territorio de Cataluña fuera de la cuenca del Ebro para mejorar el abastecimiento de Barcelona y su área metropolitana, pero se encontró con una fuerte oposición, especialmente en Aragón y en el Bajo Ebro catalán. En 2004, la llegada al Gobierno de José Luis Rodríguez Zapatero supuso su cancelación, y desde entonces es un tema que podemos considerar «dormido», aunque amplios sectores políticos y sociales del Levante con cierta frecuencia lo vuelven a presentar como una reivindicación.

Trasvases por el mundo

Por supuesto que esta infraestructura no es exclusiva de España, pues hay otras realizadas y proyectadas en otros países, entre las que podemos destacar:

- Trasvases del sur al norte de China. Pretenden transferir unos 44.800 hm³ anuales desde el río Yangtsé (regulado mediante la presa de las Tres Gargantas, ya analizada) hacia el centro y el norte del país, incluyendo el área de la capital,

Pekín. Se trata de un macroproyecto denominado South to North Water que plantea tres grandes vías de transferencia de agua iniciado en la era de Mao.

- Trasvase del río Colorado (sudeste de Estados Unidos, incluyendo ciudades como Las Vegas y Los Ángeles). Atiende las demandas de abastecimiento y regadío de estas regiones a cambio de dejar exhausto al río cedente, cuya desembocadura en México recibe un muy escaso caudal, lo que es una fuente de tensiones entre ambos países.
- Trasvase del río Snowy (Australia) al sur del país mediante un complejo sistema de embalses y canales fundamentalmente para regadío.
- Trasvase de Lesoto a Sudáfrica para el abastecimiento de la población y de las zonas industriales.
- Proyecto Nacional de Transferencia de Agua (India). Se trata de un ambicioso plan de interconexión de 37 ríos con 30 enlaces para llevar agua desde las cuencas de los ríos orientales (zona más lluviosa y con inundaciones ocasionales) a las zonas del centro, oeste y noroeste (bastante menos lluviosas). Es mucho más que un trasvase, pues intenta una distribución lo más equitativa posible de los recursos hídricos por el país.
- Trasvase Anatolia Sur-Sur (o GAP). Complejo proyecto de presas y canales que derivan agua de los ríos Tigris y Éufrates para crear amplias zonas de regadío en el sur de Turquía. Está generando fuertes tensiones con Siria e Irak, situados aguas abajo de Turquía.
- Trasvase del sur al centro de Chile. También llamado «Carretera Hídrica», este polémico proyecto pretende llevar agua de las regiones lluviosas del sur hasta las agrícolas del centro, incluyendo el área metropolitana de Santiago.

Otras infraestructuras

Existen otros instrumentos de importancia creciente ante los impactos ambientales, sociales y las polémicas que suelen acompañar a los embalses y los trasvases, de los cuales veremos los dos más importantes.

Muchos usos deterioran la calidad del agua, impidiendo su uso posterior, pero una depuración de diferente intensidad en función de los usos que se le quieran dar permite que el agua sea utilizada de nuevo. Es algo muy interesante sobre todo en zonas de recursos escasos. La depuración simple permite el uso de aguas para regadío de jardines o campos de golf; una más intensa sirve para el regadío de campos de cultivo con productos de alimentación, y una completa permite incluso obtener agua para beber. Israel es un país con una avanzada experiencia en la reutilización de agua. Un porcentaje muy importante de las aguas de regadío proceden de aguas residuales previamente utilizadas en el abastecimiento a la población. En España, aproximadamente el 10% de las aguas depuradas se reutilizan, sobre todo en la Comunidad Valenciana, Murcia, Canarias y Andalucía, donde se emplean con frecuencia para regar jardines y campos de golf. También estos caudales se pueden utilizar para mantener caudales ecológicos.

El otro proceso depurativo, la desalación, se encarga de eliminar buena parte de la sal que contiene el agua del mar hasta hacerla utilizable para el regadío o el abastecimiento de la población. Dado que el agua del mar y los océanos se considera un recurso prácticamente inagotable, es un sistema eficaz para obtener agua dulce donde es escasa.

Existen diversos sistemas para desalar el agua, como la destilación multietapa, la congelación, la electrodiálisis y especialmente la ósmosis inversa, que consiste en hacer pasar el agua por unas membranas semipermeables que retienen la sal y las partículas contaminantes. Es el sistema más utilizado en muchos países porque es el más eficiente para desalar agua marina. En España, por ejemplo, se desalan cada año unos 450 hm^3 (el 60% procedentes del mar y el resto, de aguas salobres), que se destinan principalmente al abastecimiento y al regadío. Significa un 5% del abastecimiento y se concentra principalmente en la costa mediterránea y los archipiélagos.

Como todos los sistemas para conseguir agua, este de la desalación también tiene sus desventajas, pues además del coste energético que supone, genera unos residuos denominados «salmueras» por su alta concentración de sal. Para gestionarlas, se pueden almacenar en balsas de evaporación, cristalizar para la recuperación de sales o, lo más habitual, optar por el vertido controlado al mar mediante tuberías para alejarlas de la costa y difusores para disminuir la concentración de sal y su impacto en la fauna y la flora marinas.

Las cuencas compartidas

Hasta ahora hemos desarrollado aspectos del agua que no van más allá de las fronteras de los estados, pero los recursos hídricos no entienden de fronteras y en el planeta hay muchas cuencas que son compartidas, es decir, que en su superficie hay territorio de dos o más estados.

La cuenca hidrográfica es el territorio de la superficie terrestre cuyas aguas drenan a un mismo río principal y, por lo tanto, desaguan al océano por un único punto. Toda cuenca hidrográfica es una unidad natural dinámica del agua, donde se produce la precipitación, la infiltración y la alimentación de acuíferos, la escorrentía superficial y la organización de redes de drenaje, con afluentes y subafluentes, hasta su salida al mar o lago. Las características de un río dependen de sus condiciones naturales, así como de la gestión que se realice del territorio y de las aguas superficiales y subterráneas de su cuenca. En consecuencia, la cantidad de su caudal, su régimen hídrico y la calidad de sus aguas no solo dependerán del clima o las condiciones geológicas y litológicas de su cuenca, sino también de cómo se use y gestione el agua de la cuenca (extracciones, usos, depuración, etc.) y de los usos del suelo (presencia de bosques, zonas sin vegetación, áreas industriales o urbanas, etc.).

Sus límites los establece el relieve, que determina que las aguas circulen hacia una u otra dirección, por lo que son estrictamente naturales. Las fronteras de regiones, comunidades autónomas o estados no tienen por qué coincidir con estos límites, y de hecho casi nunca lo hacen. En el planeta se calcula que hay más de trescientas cuencas compartidas y que por ellas circula el 60% del agua dulce total, abarcando casi la mitad de la superficie emergida (excluyendo la Antártida). En cuencas compartidas viven unos 2.800 millones de personas, casi el 40% de la población mundial. Según la Unesco, 145 países tienen parte de su territorio dentro de cuencas transfronterizas y 21 están completamente dentro de una de esas cuencas.

Como vemos, el tema de las cuencas compartidas no es menor, sino sustancial. Se trata de una enorme fuente potencial de cooperación internacional y también de conflictividad, por lo que crear instituciones internacionales para su gestión es un tema de capital importancia.

En ocasiones a las cuencas compartidas se las denomina «cuencas internacionales» o «transfronterizas», pero nos pare-

ce que es más correcto el anterior. Sí que se puede hablar de
«río internacional» cuando su curso discurre por dos o más
estados; dejamos el término «río nacional» para el que discurre por un solo estado, y «río internacionalizado» para el que
está bajo supervisión de una comisión internacional. A modo
de ejemplo, los ríos Tajo o Duero son internacionales y sus
cuencas, compartidas; el Ebro es un río nacional, pero su
cuenca también es compartida, pues en ella hay territorio no
solo español, sino también andorrano y francés.

Los principios que se establecen para la gestión de las
cuencas compartidas según el Derecho Internacional son los
siguientes:

- Obligación de cooperar, aunque no se especifica a qué grado de cooperación se debe llegar ni con qué tipo de instituciones.
- Gestión integrada de aguas superficiales y subterráneas,
  pues, como se verá a continuación, también existen acuíferos compartidos entre varios estados.
- Sostenibilidad en el contexto ya expuesto de creciente presión sobre los recursos hídricos.
- Prevención del daño. Cada estado puede aprovechar la parte de la cuenca que esté en su territorio siempre que no
  afecte de forma significativa al derecho de otros estados,
  lo que se relaciona con el principio anterior.
- Participación en la gestión de la cuenca tanto de los estados como de los usuarios del agua.

La Convención de Naciones Unidas sobre el derecho de los
usos de los cursos de agua internacionales para fines distintos a la navegación (fue aprobada en 1997, pero entró en vigor

en 2014) establece que los estados del curso de agua utilizarán en sus territorios respectivos un curso de agua internacional de manera equitativa y razonable, buscando la utilización óptima y sostenible y el disfrute máximo compatibles con la protección adecuada del curso.

Se trata de una definición muy ambigua que da pie a diferentes interpretaciones, pero un posible conflicto en un curso internacional debe resolverse sopesando la satisfacción de las necesidades humanas vitales.

No existe en Derecho Internacional una prohibición absoluta de no contaminar. Según la mencionada Convención, «los estados, al utilizar un curso de agua internacional en sus territorios, adoptarán las medidas apropiadas para evitar daños sensibles a otros estados del curso de agua». Los estados tienen el deber de intercambiar información sobre la situación de la cuenca, principalmente sobre aspectos de carácter hidrológico, meteorológico, ecológico y de calidad de las aguas. Antes de adoptar una medida que pueda suponer un perjuicio, el estado concernido deberá notificarla oportunamente, con datos técnicos e información, incluidos los resultados de las evaluaciones ambientales.

También la mencionada Convención establece principios generales sobre la protección de los ecosistemas: los estados preservarán individualmente o en forma conjunta los ecosistemas de los cursos de agua internacionales. Existe una disposición sobre la obligación de adoptar medidas para controlar la introducción de especies exóticas que causen efectos nocivos para el ecosistema del curso de agua internacional. No queda muy claro el concepto de «ecosistema» en la Convención, si se refiere a los ribereños de cada país o al ecosistema fluvial en conjunto. Ya hemos expuesto anteriormente que el ecosistema fluvial ha de considerarse en su conjunto, pues la continuidad ambiental y funcional de los ríos no queda interrumpida por los límites administrativos.

Una parte esencial en la protección de los ecosistemas es preservar los caudales ambientales, aceptados como un componente esencial de la gestión integrada del agua. El concepto de caudal ambiental o ecológico ha evolucionado mucho y ha tenido múltiples interpretaciones. En general, se refiere al imperativo de respetar un caudal mínimo en los cursos de agua naturales para mantener sus valores y los bienes y servicios que aportan (agua potable, recarga de acuíferos, usos recreativos, pesquerías).

Es habitual pensar que la escasez de un recurso tan vital como el agua conduce al conflicto. Parece lógico: cuanta menos agua hay, más preciada resulta y más probable es que la gente (o los estados) se la disputen. Sin embargo, las investigaciones sistemáticas sobre los indicadores de conflictos por aguas transfronterizas no encontraron relación estadísticamente significativa. Carius *et al.* (2004) afirman que el conflicto no es el resultado inevitable de la escasez. Así, los climas áridos no serían más proclives al conflicto que los húmedos, y en realidad, durante los periodos de sequía, la cooperación internacional suele aumentar. Según dicho estudio, las democracias eran tan propensas al conflicto como las autocracias, los países ricos como los pobres, los países con alta densidad demográfica como los pocos poblados, y los grandes como los pequeños.

Cuando investigadores de la Universidad Estatal de Oregón (Kramer et al., 2013) estudiaron las prácticas de gestión del agua en los países áridos, llegaron a la conclusión de que la clave del éxito era la capacidad institucional. Los países naturalmente áridos cooperan para conseguir agua adaptándose al medio, elaborando estrategias institucionales con relaciones generalmente cordiales. Asimismo, constataron que la probabilidad de conflicto se multiplicaba cuando entraban en juego dos factores: en primer lugar, un cambio rápido en el entorno político o físico de la cuenca compartida, como la construcción de un gran embalse, o un extenso programa de riego, y en segundo lugar, la incapacidad o debilidad por parte de las instituciones para afrontar los cambios.

Incorporamos así un aspecto muy interesante en la compleja gestión de los recursos hídricos: la fortaleza o debilidad institucional de los estados.

Desde finales de los años setenta se utiliza el término «hidropolítica» entendido como la capacidad de administrar el recurso de forma que todas las partes implicadas tengan acceso al agua, disminuyendo el uso indebido y evitando los conflictos derivados del acceso o falta de acceso al mismo (Waterbury, 1979). El tema de la gestión de las aguas internacionales no suele ocupar muchos espacios en los medios de comunicación, pero sin duda se va a convertir en uno de los temas clave de la política internacional a lo largo del siglo XXI, y frente al mencionado término de «hidropolítica» se contrapone el de «hidrohegemonía», que se vincula con políticas de uno o varios estados para consolidar su posición de dominio de los recursos hídricos frente a los intereses de otros estados. Un estado hidrohegemónico no controla los recursos hídricos mediante las llamadas «guerras del agua», un término muy utilizado pero que consideramos un tanto simplista. Los controla mediante diferentes estrategias que lo permitan, minimizando cualquier intento de competencia por parte de otros estados.

Si vamos más lejos, encontramos el término «hidrodominación», que se refiere a las políticas encaminadas a controlar los recursos de un río internacional o a utilizar estos recursos para presionar a otros estados ribereños de la cuenca transfronteriza aprovechando la situación de privilegio en la posición geográfica, la superioridad militar, la fuerza económica o política o una combinación de todas estas circunstancias (Conde, 2017).

Los acuíferos compartidos

Al igual que existen cuencas superficiales compartidas, también hay numerosos acuíferos compartidos entre dos o más países. Al tratarse de aguas subterráneas que no se ven, su gestión es más complicada. Se trata de recursos invisibles pero existentes, cuya importancia es creciente, especialmente en zonas de escasez de aguas subterráneas.

Según el programa de Gestión de Acuíferos Transfronterizos (ISARM, por sus siglas en inglés) de la Unesco, los acuíferos son cuerpos de rocas permeables capaces de almacenar grandes volúmenes de aguas subterráneas de muy buena calidad para el consumo humano, pero con un ecosistema de extremada fragilidad, particularmente frente a la contaminación. Tanto los acuíferos como las aguas superficiales son de naturaleza fluida, libre. Al igual que expusimos en el caso de las cuencas hidrográficas superficiales, sus límites son naturales y no suelen coincidir con los administrativos de regiones o estados. La mencionada Convención sobre el derecho de los usos de los cursos de agua internacionales para fines distintos de la navegación promueve el manejo colaborativo y la protección de estos recursos hídricos subterráneos compartidos. Sin duda también se trata de una potencial fuente de conflicto y de cooperación.

Según la Unesco, en el mundo hay 468 acuíferos compartidos, y algunos de los más importantes son:

Acuífero Guaraní

Es uno de los mayores del mundo (1,3 millones de km^2) y se le calcula un volumen de agua de 37.000 km^3. Es compartido por Argentina, Brasil, Paraguay y Uruguay, con profundidades muy variables. Se trata de una fuente clave de agua dulce en Sudamérica, pues se utilizan sus aguas para el abastecimiento, el regadío, la industria e incluso para fines recreativos. Su gestión es coordinada entre los cuatro países que en 2010 firmaron el Acuerdo para la Protección y el Uso Sostenible del Acuífero Guaraní, en el que se establecen principios de cooperación y compromisos para su uso y protección. Este acuerdo promueve el intercambio de información y la coordinación de políticas hídricas entre los países. Existe un sistema de monitoreo de la calidad del agua y el nivel de extracción en diferentes áreas que permite a los países compartir datos y evaluar el estado del recurso en tiempo real. También se han establecido normativas para regular las actividades que puedan contaminar el acuífero, como la agricultura intensiva, la industria y el uso de fertilizantes y pesticidas en zonas de recarga.

Aunque existen retos importantes, como el control de la contaminación o el reforzamiento institucional, se le considera un buen ejemplo de cómo un recurso subterráneo compartido puede ser gestionado de manera cooperativa por los países implicados.

Sistema acuífero del Sáhara Septentrional

Se extiende entre Argelia, Libia y Túnez, ocupa un millón de kilómetros cuadrados y almacena unos 30.000 km³ de agua, pero en su mayoría se trata de agua fósil situada a gran profundidad desde hace miles de años, cuando el clima de la zona era más lluvioso. Su recarga actual es débil, procedente de las lluvias escasas que recibe la región (abundan las zonas endorreicas o arreicas en las que el agua que no se evapora se infiltra).

Su importancia es fundamental para el abastecimiento de agua en áreas urbanas y para el regadío en zonas áridas y la industria en Argelia, Libia y Túnez. En un entorno desértico y semiárido, representa la principal fuente de agua para millones de personas.

Los tres países tienen el Proyecto de Gestión Concertada del Sistema Acuífero del Sáhara Septentrional para establecer un marco de gobernanza conjunto, realizar estudios hidrogeológicos para establecer la cantidad y la calidad del agua, compartir información para gestionar mejor la extracción y aplicar políticas de riego más sostenible, pues es la actividad que más agua demanda.

De momento la situación es estable, pero es necesario extremar el buen uso del agua subterránea, pues en una zona árida como esta no hay alternativas a ella (salvo la desalinización en zonas costeras). Los principales retos que se avecinan son la sobreextracción y la salinización por intrusión de aguas marinas.

Acuífero de Nubia

Se trata de un enorme almacén de aguas subterráneas de unos dos millones de kilómetros cuadrados en territorios de Chad,

Egipto, Libia y Sudán, que almacena entre 150.000 y 200.000 km³ a profundidades muy variables. Como en el acuífero del Sáhara, prácticamente toda el agua es fósil de épocas pasadas con un clima mucho más lluvioso, por lo que la recarga natural es muy escasa y lenta.

Sus aguas se utilizan para el abastecimiento, el regadío y, en menor medida, el uso industrial en una región muy árida, por lo que su importancia es crucial. Se han establecido sistemas de cooperación internacional para analizar sus recursos, avanzar en la gestión conjunta y monitorizar la cantidad y la calidad intercambiando datos.

Alimenta el proyecto del Gran Río Artificial en Libia, un enorme sistema de captación de aguas (hasta 6,5 millones de metros cúbicos al día) y de conducción mediante tuberías a las ciudades y regiones litorales de este país para el abastecimiento, el regadío y el desarrollo socioeconómico. Esta extracción masiva puede significar un descenso progresivo del nivel del acuífero, especialmente grave al tratarse de aguas fósiles con muy escasa recarga natural, lo que ha generado preocupación en los otros tres países que lo comparten, aunque hasta el momento no se ha materializado en tensiones destacables.

Acuíferos en la región del río Mekong

Conjunto de acuíferos aluviales en la cuenca baja del río en territorio de Camboya y especialmente en el delta del río (Vietnam), aunque también llega a algunas regiones de Laos y Tailandia. Su extensión se desconoce por la falta de estudios en detalle, pero se calcula que puede superar los 100.000 km², con un volumen calculado entre 50 y 100 km³ extendidos en diferente profundidad y también con distintos niveles de calidad.

Se recarga a partir del caudal del Mekong y sus afluentes, además de las lluvias, abundantes en la época húmeda (verano) y escasas en invierno.

Su importancia es enorme, pues la zona está muy poblada y su economía en las últimas décadas ha tenido un enorme dinamismo, con el consiguiente aumento de la demanda de agua y los problemas de contaminación, especialmente de origen urbano e industrial.

Es una importante fuente de agua especialmente durante los meses invernales, de lluvias muy escasas, y sus principales problemas son:

- Sobreexplotación por el aumento de las demandas.
- Contaminación procedente de abonos y pesticidas de origen agrícola y aguas de origen urbano e industrial no depuradas.
- Riesgo de salinización, pues mantener sus niveles permite evitar la intrusión salina en el delta, lo que inutilizaría las aguas subterráneas de la zona si se superase un determinado umbral de salinidad.
- Construcción de presas. Se han construido o proyectado numerosas presas a lo largo del río Mekong, especialmente en su tramo alto, situado en territorio chino. El potencial hidroeléctrico del río es enorme, sobre todo en ese tramo, y China lo está aprovechando de forma decidida. Su posición dominante al controlar el tramo alto y las crecientes demandas de energía eléctrica para su industria y su población hacen que no sea muy receptiva a las protestas de los países situados aguas abajo. Las alteraciones del caudal del río pueden afectar a los ritmos y la cantidad de recarga del acuífero.

Es necesario conocer con más profundidad las características de este acuífero para poder establecer sistemas conjuntos de gestión que eviten los problemas señalados, pero de momento la colaboración internacional en este sentido es escasa.

Segunda parte

El agua como fuente de conflictos

LLEGADOS A ESTE PUNTO, el lector tiene claro que el agua es un recurso abundante, pero de distribución espacial y temporal irregular, insustituible y con demandas crecientes para diferentes usos de forma generalizada en el planeta, pues su papel en el desarrollo y la mejora de las condiciones de vida de la población es esencial. Esta situación no es nueva ni exclusiva del siglo XXI, pues a lo largo de la historia el agua ha sido objeto de disputas, a veces sangrientas, y también un instrumento que ha dado o quitado poder.

Cuando la situación es de mayor oferta que demanda (o de equilibrio), no hay lugar para los problemas, pero cuando la demanda es mayor que la oferta, entonces surgen las fricciones, que pueden ser a escala local, regional, nacional o internacional

En 1997, Ismael Serageldin, exvicepresidente del Banco Mundial, manifestó: «Así como el siglo XX es el siglo de las guerras por el petróleo, las guerras del siglo XXI serán por el agua...».

Ante tales augurios es necesario realizar una reflexión sobre la situación en el primer cuarto del siglo XXI, por lo que, a continuación, vamos a exponer en distintos capítulos un análisis de los principales focos de tensión internacional en los que el agua es un factor clave o, al menos, uno más de las variables que generan tensión.

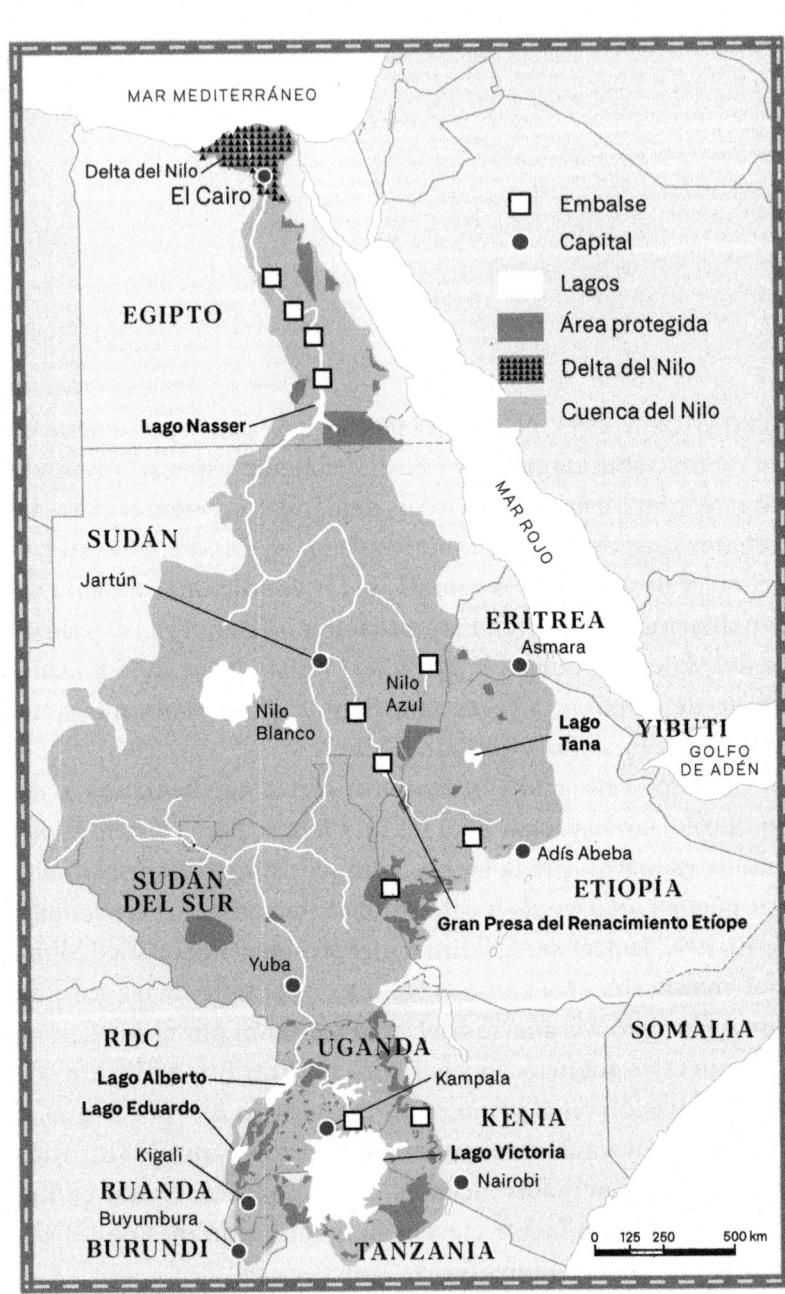

MAR MEDITERRÁNEO

Delta del Nilo
El Cairo

EGIPTO

Lago Nasser

MAR ROJO

SUDÁN

Jartún

Nilo
Blanco

Nilo
Azul

ERITREA
Asmara

**Lago
Tana**

YIBUTI
GOLFO
DE ADÉN

Adís Abeba

SUDÁN
DEL SUR

ETIOPÍA

Gran Presa del Renacimiento Etíope

Yuba

RDC

UGANDA

SOMALIA

Lago Alberto

Kampala

Lago Eduardo

KENIA

Kigali

Lago Victoria

RUANDA

Nairobi

Buyumbura

BURUNDI

TANZANIA

| Embalse |
| Capital |
| Lagos |
| Área protegida |
| Delta del Nilo |
| Cuenca del Nilo |

0   125   250   500 km

5

El Nilo y la presa Renacimiento

EL RÍO NILO SE CONSIDERA EL MÁS LARGO DEL MUNDO, aunque este título podría corresponder al Amazonas según se considere el lugar de nacimiento de cada uno. En su cuenca abarca territorio de once países africanos, cuatro de ellos entre los más pobres del mundo, y sus aguas son esenciales para el sustento de unos 180 millones de personas. La situación de la región es muy delicada, pues se observan graves problemas de debilidad institucional en muchos de estos estados, conflictividad étnica y religiosa, rápido crecimiento de la población con pocas expectativas de vida digna y escasa industrialización, explotación de recursos sin que la población saque un beneficio, así como una progresiva sustitución de las influencias occidentales debido a una mayor presencia de potencias como China y Rusia. Este panorama se resume en una importante inestabilidad regional.

El Nilo (denominado Nilo Blanco) se alimenta de las abundantes lluvias tropicales de su cuenca alta y desde que sale del lago Victoria hacia el norte va penetrando en zonas cada vez más secas. Su caudal es abundante y bastante regular, pero al atravesar el desierto del Sáhara en la zona de Sudán del Sur y Sudán, su caudal queda muy disminuido. A la altura de la capital de Sudán, Jartún, recibe por su margen derecha un caudaloso afluente, denominado Nilo Azul, que procede de las montañas de Etiopía. La aportación del Nilo Azul se calcula en un 86% de la total, pero con una importante irregularidad estacional. En esta región las lluvias de verano son abundantes debido a su clima tropical, lo que permite que el Nilo reciba un notable flujo de agua, cargada de limos de origen volcánico que tradicionalmente han servido de fertilizante natural a las tierras regadas por sus aguas. Este caudal permite al gran río africano terminar de atravesar el Sáhara y aportar caudales a los regadíos, población e industria de Sudán y especialmente de Egipto, país de clima extremadamente seco, pero con una notable irregularidad, con caudales máximos en verano y mínimos en invierno. Los beneficios del caudal del Nilo para Sudán, y muy especialmente para Egipto, son enormes, pues casi todas las demandas de agua de este país, incluidas las de regadío a lo largo de su curso y en su amplio delta, son cubiertas por el río.

El Nilo tiene unas particularidades muy notables, pues a pesar de su enorme recorrido, el caudal que aporta en la desembocadura es relativamente escaso (unos 2.850 m³/s), sobre todo por la evaporación que sufre en buena parte de su recorrido y por las muchas extracciones de sus aguas. Es la única fuente de agua dulce para los países ribereños de aguas abajo, lo que los convierte en extremadamente sensibles a posibles variaciones en su cuenca.

En 1929, con la región bajo dominio británico, se firmó un acuerdo que beneficiaba de forma muy significativa a Egipto y Sudán. Dicho acuerdo otorgaba a Egipto más de la mitad del caudal del río (Hidalgo García, 2020), lo que lo convertía en una potencia hidrohegemónica, a pesar de que la aportación de este país al Nilo es prácticamente nula. También le otorgaba el derecho de vetar cualquier embalse que se pudiera construir fuera de sus fronteras, por lo que el resto de los países de la cuenca quedaban de hecho relegados en la explotación de las aguas del gran río. De esta forma, Egipto, desde la desembocadura del río, controlaba en buena medida sus aguas, hipotecando los usos que podían hacer de ellas los países situados aguas arriba. Estos tratados no incluyeron a Etiopía, donde nace y se alimenta el Nilo Azul. Egipto defiende sus intereses argumentando que el reparto del agua debe basarse en las necesidades y no en las aportaciones.

En 1959, Egipto y Sudán (ya independiente) firmaron el Acuerdo Hidrográfico en el que se repartían el caudal, concediendo 55,5 millardos al primero y 18,5 al segundo (calculando que se perdían 10 por evaporación), y se mantenía la prohibición de construir obras hidroeléctricas o regadíos en el río y sus afluentes sin permiso del Gobierno egipcio, tal y como se recogía el acuerdo de 1929.

En 1960 comenzó la construcción de la presa alta de Asuán (aunque hay registros que señalan que en 1952 ya empezó a planificarse), y se inauguró oficialmente en 1971. Esta infraestructura ha sido clave para el control de los caudales en el tramo egipcio y la aportación de energía eléctrica a su población. Sus consecuencias sobre el medio ambiente y el patrimonio histórico-artístico también fueron importantes, pues inundó una gran superficie del país y del norte de Sudán, entre ellos, numerosos enclaves arqueológicos como el templo de Abu Simbel, que tuvo que ser trasladado. En su momento fue un logro de la ingeniería, se financió en parte con ayuda de la Unión Soviética y cambió radicalmente la relación de Egipto con el Nilo.

A lo largo de los años sesenta surgieron iniciativas de gestión compartida lideradas principalmente por Etiopía que se encontraron con la oposición egipcia.

Este panorama ha generado una tensión creciente. El expresidente Anwar al-Sadat declaró en 1979 que «el único motivo que ahora podría inducirnos a entrar en guerra es el agua»; por su parte, el antiguo ministro de Asuntos Exteriores, Boutros-Ghali, anunció en 1980 que «la próxima guerra en nuestra región no será por motivos políticos, sino por el agua».

Gestionar la cuenca del Nilo en su conjunto es de una enorme complejidad, y para alcanzar un acuerdo que involucrara a todos los estados ribereños, en 1999 surgió la Iniciativa de la Cuenca del Nilo, con el apoyo del Banco Mundial. Su objetivo era lograr un desarrollo socioeconómico mediante la utilización equitativa de los recursos hídricos comunes del río. Los países fundadores fueron Burundi, República Democrática del Congo, Egipto, Etiopía, Kenia, Ruanda, Tanzania, Uganda y Sudán, que posteriormente se dividió en dos países (Sudán y Sudán del Sur), ambos miembros de la Iniciativa.

En 2010, los países de la cuenca alta y media firmaron un acuerdo de cooperación (Acuerdo de Entebbe) para compartir equitativamente las aguas del Nilo, pero Egipto y Sudán mostraron una firme oposición y se negaron a firmarlo.

La realidad es que las disputas por el uso del Nilo continuaban y la tensión iba en aumento, especialmente entre Egipto, Sudán y Etiopía.

En 2011, Etiopía dio a conocer un gran proyecto hidráulico: la construcción de la presa Renacimiento, en el Nilo Azul, unos

20 kilómetros antes de que penetrase en territorio sudanés. En realidad, se trata de la primera de un conjunto de cuatro.

Este proyecto, a cargo de la empresa italiana Saldini y parcialmente financiado por China, será la mayor productora de hidroelectricidad de África, con 6.450 MW, lo que supondrá unos 15.000 gigavatios-hora (GWh) por año; es decir, multiplicará por cuatro la actual capacidad de generación de Etiopía. Tendrá importantes efectos en el país, al mejorar el abastecimiento de electricidad a la población (que actualmente está en torno al 30%), impulsará la industria y convertirá al país en un exportador de energía a los vecinos. Ya ha conseguido un objetivo importante: unir a la población de Etiopía en un gran proyecto nacional común, lo que en un país federal y dividido por cuestiones étnicas, políticas y religiosas tiene una gran importancia, pues la población ha contribuido a su financiación mediante *crowdfunding*, ayudando a aumentar el sentimiento patriótico.

En el momento de escribir estas líneas, la presa Renacimiento ya está en funcionamiento y genera electricidad desde febrero de 2022 con la entrada en funcionamiento de parte de sus turbinas. Etiopía considera su explotación un tema de prioridad nacional irrenunciable, y para entenderlo, exponemos los siguientes datos:

- Población (2024): Etiopía, 132 millones; Egipto, 107 millones.
- Porcentaje de población con acceso a electricidad (2022): Etiopía, 55%; Egipto, 99%.
- Porcentaje de población con acceso a agua: Etiopía, 49% (incluye población rural con una fuente a menos de 1,5 km); Egipto, 99%.

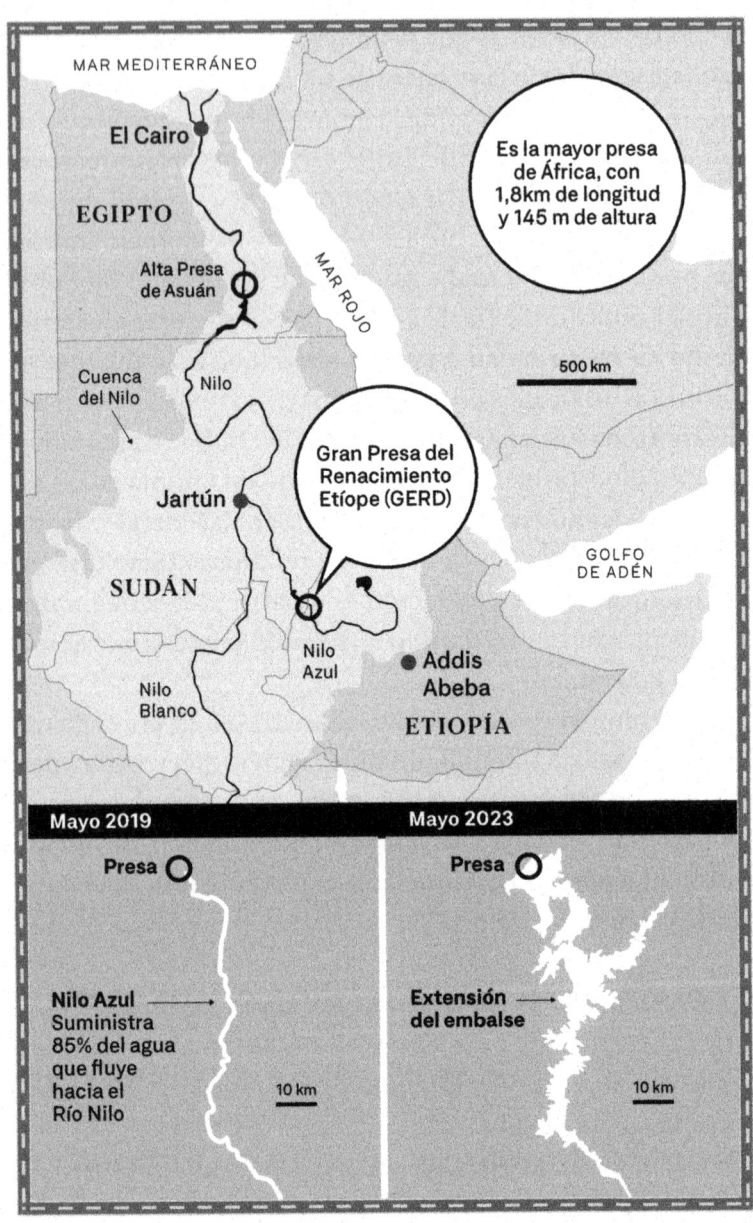

Gran presa del Renacimiento Etíope, localización y embalse inundado.

- Capacidad de desalinización: Etiopía, nula (país sin litoral); Egipto, muy alta.

Desde el primer momento, esta presa suscitó la protesta de Sudán y Egipto, alegando que podría suponer una reducción del caudal del 20% durante los años de llenado, incrementando el estrés hídrico (es decir, cuando la demanda de agua por la población excede la oferta durante un periodo de tiempo o cuando la baja calidad del agua disponible la inutiliza para usos esenciales), algo que se contrapone radicalmente con los intereses egipcios, pues, según su Instituto de Planeamiento, el país va a necesitar más agua para satisfacer las necesidades de su creciente población, que se calcula en unos 150 millones de habitantes para 2050 (Sánchez de Rojas, 2017).

Como Etiopía siguió adelante con el proyecto, los tres países firmaron un acuerdo tripartito en 2015, que suponía una ambigua declaración de principios que no regulaba cantidades de caudales ni el proceso de llenado de la presa. Este tibio acuerdo no ha evitado que suba la tensión, especialmente entre Egipto y Etiopía, pues el primero estima que el llenado y la explotación de la presa puede reducir sus recursos hídricos de forma notable. Egipto ha intentado ahogar la financiación de la presa, e incluso en 2019, el International Crisis Group advirtió que el conflicto armado era una posibilidad, algo especialmente significativo dada la clara superioridad militar egipcia (sobre todo de su Fuerza Aérea) respecto a sus vecinos. El presidente egipcio Mohamed Morsi afirmó que «todas las opciones están abiertas», asegurando que «la seguridad del agua en Egipto no puede ser violada en absoluto». En 2013, Morsi convocó a una reunión a diferentes líderes para debatir sobre la situación y se pusieron de manifiesto distintas posturas, desde las más conciliadoras hasta las más radicales, como instruir a espías egipcios para destruir la presa.

Progresivamente, Egipto ha disminuido el nivel de tensión y multiplicado los contactos con Etiopía, país con el que tradicionalmente ha tenido relaciones frías y escasas. Le interesa llegar a un acuerdo sobre el calendario y la manera de llenar el embalse (en este proceso sí que se vería limitado el caudal circulante por el Nilo Azul) y la forma de explotación de la presa. Incluso se ha pedido mediación a Estados Unidos, el Banco Mundial o la Liga Árabe, y se ha llevado el tema al Consejo de Seguridad de Naciones Unidas.

Egipto es un país con un rápido crecimiento de la población y una economía relativamente próspera. El Nilo y su delta constituyen su espina dorsal, pues fuera de ella todo es desierto. En esta zona se concentra la población y la actividad económica, con una agricultura intensiva de regadío que se controla desde la presa de Asuán (al sur del país, cuyo embalse ocupa territorio de Egipto y Sudán). Miles de canales superficiales riegan estas tierras con importantes pérdidas por evaporación debido al clima cálido y desértico y una notable ineficiencia en el uso del agua, pues a menudo se riega por inundación. Algunos modelos hidrológicos calculan que el impacto de la presa Renacimiento en la disponibilidad de agua en Egipto es escasa, concentrada sobre todo en el periodo de llenado del embalse, y dependiente en función de la gestión que se haga de la misma. Indican, asimismo, que Egipto puede tener graves problemas de abastecimiento de agua a partir de 2025, pero principalmente por el aumento de la demanda, la citada ineficiencia y los problemas de contaminación.

Ante este panorama parece que mejorar la eficiencia, disminuir las pérdidas por evaporación e instalar sistemas de depuración parecen medidas bastante razonables, a las que se puede unir la construcción de desaladoras, ya que el país cuenta con muchos kilómetros de costa tanto en el Mediterráneo como en el mar Rojo, y enormes superficies de terreno con alta insolación asegurada durante todo el año donde se pueden instalar placas solares con escaso impacto ambiental y socioeconómico, pues son terrenos desérticos. Asimismo, el uso del agua del acuífero de Nubia, al que ya hemos hecho referencia, puede ayudar, pero con las limitaciones señaladas al tratarse de un acuífero compartido con otros países y de aguas fósiles de muy lenta recarga.

La tensión entre Egipto y Etiopía también ha repercutido en las relaciones con otros estados de la región, como el envío de tropas de Egipto a Somalia, país enfrentado con Etiopía por haber llegado este a un acuerdo con Somalilandia (región que se ha declarado unilateralmente independiente de Somalia), lo que supone un reconocimiento implícito por parte de Etiopía. Egipto también ha tomado partido en la guerra civil de Sudán a favor del Gobierno del país, que considera su aliado en muchos frentes; entre ellos, el aprovechamiento del Nilo.

La escalada de tensión, las amenazas de guerra (posteriormente suavizadas), la pobreza, la inestabilidad y la fragmentación de la zona, así como la creciente presencia de poderosos actores externos como China o Rusia, lo convierten en un conflicto muy peligroso.

Quizá haya llegado el momento de que el país de los antiguos faraones se plantee una relación diferente con el agua, disminuyendo su histórica dependencia del Nilo. Esta necesidad se apoya en los cambios geopolíticos observados en la región, como la estabilización de países como Etiopía, Uganda o Sudán y el reforzamiento progresivo de las capacidades militares de algunos de ellos, lo que disminuye la superioridad de Egipto y crea un panorama de pérdida de hegemonía y de mayor competencia, que podría ayudar a un cambio en el modelo de gestión del agua de la actual preponderancia de los intereses egipcios a una más cooperativa.

Presa de Asuán para producir hidroelectricidad
y regular el agua destinada a abastecimientos
y regadíos en Egipto.

Vista aérea de la presa de Asuán tomada durante la Expedición 64 de la Estación Espacial Internacional.

MAR MEDITERRÁNEO

MALÍ

MAURITANIA

NÍGER CHAD

SUDÁN

MAR ROJO

S A H E L

SENEGAL

GAMBIA

ERITREA

BURKINA
FASO

CAMERÚN

GOLFO
DE GUINEA

0   3000 km

OCÉANO ATLÁNTICO

6

El Sahel o la tempestad perfecta

SAHEL (LITERALMENTE, «FRONTERA») es el nombre que se utiliza para definir a la región que hace de transición entre el desierto del Sáhara (al norte) y el África tropical (al sur). Se extiende desde el Atlántico (al oeste) hasta el mar Rojo (al este), y aunque no hay consenso sobre sus límites, algo habitual en todas las regiones de transición, se considera que abarca sectores de Mauritania, Senegal, Mali, Níger, Chad, Sudán y Eritrea. El clima en la región es tropical con la estación seca (invierno) y lluviosa (verano), pero la estación seca se va haciendo progresivamente más intensa y larga a medida que nos desplazamos hacia el norte. La región ha sufrido algunas sequías intensas, como las que la azotaron entre 1968 y 1973, 1980 y 1985, 1991-1992 o 2011-2012, periodo en el que las lluvias estivales apenas aparecieron. Estas sequías producen malas cosechas, dificultades para la ganadería (una de las principales fuentes de subsistencia de la población), escasez hídrica y, por lo tanto, hambrunas. Otro efecto derivado muy grave son las tensiones sociales agravadas por la fragmentación social en grupos étnicos, algo habitual en África, pues diferentes etnias suelen convivir en los mismos territorios, frecuentemente con rivalidades ancestrales.

Las fronteras que dividen los estados fueron en buena medida establecidas por las potencias colonizadoras europeas y heredadas por los estados cuando se independizaron. Son límites artificiales que no responden en la mayoría de los casos a cuestiones geográficas y que tampoco tienen en cuenta los grupos étnicos mayoritarios. Los sentimientos de pertenencia a la etnia suelen ser más fuertes que los de pertenencia al estado correspondiente, lo que agrava la situación de fragmentación descrita.

A este panorama hemos de añadir que los estados del Sahel ocupan muchos de los últimos puestos en el ranking de desarrollo del mundo. Si atendemos a los datos de Naciones Unidas publicados en 2024, junto con los datos de 2022, todos los países de la región sin excepción presentan niveles de desarrollo humano bajo, y de los 193 países analizados, los del Sahel ocupan los siguientes puestos: Mauritania, 164; Senegal, 169; Mali, 188, Níger y Chad, 189; Sudán, 170; Eritrea, 175. Países no exactamente del Sahel, pero muy próximos, como República Centroafricana, Sudán del Sur y Somalia, ocupan los últimos puestos. Nos encontramos, por lo tanto, en el epicentro de la pobreza mundial.

Todavía queda otro factor importante para completar el paisaje saheliano: el crecimiento de la población es muy rápido, especialmente en Níger y Chad, aunque también es elevado en el resto de los países de la zona.

El cóctel de países fragmentados social y étnicamente (en algunos casos están muy cerca de convertirse en estados fallidos), con elevadas tasas de crecimiento de la población y unas economías muy débiles, basadas en buena medida en la agricultura, la ganadería extensiva y la explotación de recursos minerales, es de una gran inestabilidad, y en este contexto el agua es un elemento básico, aunque solo sea para la subsistencia.

Los porcentajes de población con acceso a fuentes de agua potable en los países del Sahel oscilan entre valores aproximados del 80% en Senegal y Mali, países que disponen de corrientes fluviales de cierta importancia, y valores muy inferiores en Chad, Níger o Sudán, a pesar de que este último país cuenta con el Nilo Blanco, que lo atraviesa de sur a norte, y el Nilo Azul, que recibe desde Etiopía. No obstante, con mucha frecuencia, la calidad y el grado de garantía del agua son muy escasos y buena parte de la población tiene que hacer importantes esfuerzos para acceder a fuentes, corrientes permanentes o pozos.

El estado de las principales fuentes de agua dulce de la región es muy variado. El problema del Nilo, en la zona más oriental, ya ha sido analizado, por lo que nos vamos a centrar en otros lugares.

El lago Chad

El lago Chad se consideraba el sexto de mayor extensión del mundo y era conocido por su intenso color azul. Su superficie se repartía entre Níger, Nigeria, Chad y Camerún. En la década de 1960 ocupaba unos 25.000 km², pero en cuarenta años ha perdido entre un 80 y un 90% de su superficie original, convirtiéndose en un conjunto de charcas sin continuidad en medio de una zona desértica. Ya se ha comentado que el clima de la zona sufre una fuerte variabilidad, entre periodos muy secos (como en 2010-2011) y otros muy lluviosos (como en 2013 y 2022). Esta variabilidad es propia de los climas de transición y, como es lógico, afecta al lago, pero la tendencia es claramente decreciente.

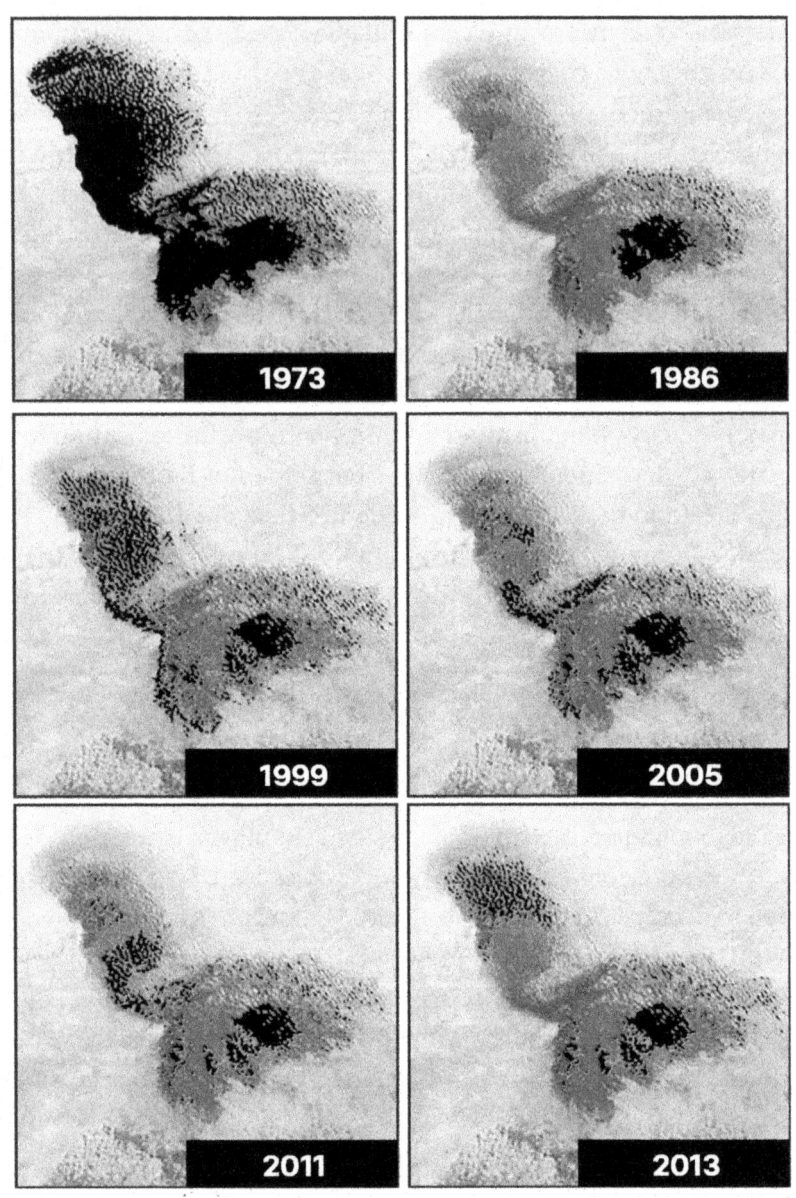

Evolución del lago Chad.

Era una importante fuente de proteínas de pescado para los habitantes del entorno, bastante alejado del océano, además de una fuente de agua para consumo humano y regadío. Se calcula que unos 40 millones de personas han quedado afectadas por el proceso de sequía en unos países en los que el crecimiento de la población es acelerado, lo que ha favorecido migraciones hacia territorios situados más al sur, con más precipitaciones al ser más intensa la estación de las lluvias.

Es frecuente escuchar que la disminución de la superficie del lago se debe al cambio climático, una explicación simplista que esconde una realidad mucho más compleja.

Con los datos de temperatura media anual de Yamena (capital del Chad) se aprecia una subida inferior a un grado desde 1974 hasta 2024. Respecto a las precipitaciones, se observa estabilidad, aunque con la variabilidad ya comentada. Asimismo, se observa una ligerísima tendencia a la disminución, rota por las abundantes precipitaciones de 2024.

Estas tendencias climáticas no ayudan al mantenimiento de la lámina de agua del lago, pero a nuestro juicio no son suficientes para explicar la enorme disminución de su superficie, por lo que hay que añadir otras.

El principal curso fluvial que alimenta el lago es el río Chari, que procede de la República Centroafricana y cuenta con una amplia cuenca de más de medio millón de kilómetros cuadrados. Se trata de un río irregular que responde al comportamiento de la estación de lluvias, con un caudal máximo que aporta al lago por su zona meridional en los meses de septiembre, octubre y noviembre. El otro río que aporta agua al lago, pero en menores cantidades, es el Komadugu Yobe, que procede de Nigeria y llega por la orilla occidental del lago. En sus afluentes se han construido algunas presas de considerable tamaño para generar electricidad y para el riego, lo que ha cambiado la dinámica fluvial y ha disminuido los caudales aportados al lago. Por otro lado, en la zona se ha aumentado la extracción generalizada de agua tanto del lago como de sus ríos tributarios, lo que sin duda ha influido en su nivel.

Los países de la región han tenido y siguen teniendo un rápido crecimiento de la población en un contexto de inseguridad y aumento de los movimientos yihadistas, como Boko Haram, en el entorno del lago, en territorio de Nigeria. Este grupo terrorista ha llevado a cabo ataques a infraestructuras hídricas como presas y suministros de agua. También hay testimonios de que ha envenado fuentes y suministros de agua, aunque no han sido confirmados debido a la dificultad de obtener información fiable. Solo el terrorismo de Boko Haram ha causado el desplazamiento de unos dos millones de personas hacia el lago, personas que dependen de él o de sus afluentes para abastecerse de agua. Buena parte de la población del entorno del lago cuenta con ganado, al que hay que dar de beber y alimentar, lo que también supone una presión sobre sus aguas y sobre la vegetación circundante, que ya acusa procesos de degradación.

Otro elemento a tener en cuenta es la debilidad de los estados que comparten el lago, con instituciones que en general son incapaces de hacer cumplir la legislación, por lo que la gestión de los recursos hídricos no responde a planificación alguna, ni se hace buscando la sostenibilidad, sino que su objetivo es cubrir las necesidades básicas de la población y sus ganados. Esta debilidad se materializa también en la escasez de infraestructuras hidráulicas que suavicen la irregularidad que muestra el clima de la zona, lo que se traduce en inseguridad en el acceso al agua y en estrés hídrico. Paralelamente, ha aumentado la demanda de agua por las ciudades, lo que supone una mayor presión sobre los recursos para poder satisfacerlas.

El resultado es el que hemos descrito: un proceso progresivo de disminución en un contexto de pobreza e inseguridad. Las crónicas hablan de que en el siglo XV el lago desapareció, probablemente debido a una de las largas e intensas sequías que sufre la zona periódicamente, y de las que, en los años cincuenta y sesenta del pasado siglo, se recuperó hasta alcanzar una extensión de unos 25.000 kilómetros. Desconocemos si la situación actual será irreversible o si esta joya natural y cultural de África Occidental recuperará su esplendor.

El conflicto de Darfur

No podemos olvidar este grave problema en la inestable zona del Sahel. Darfur es una amplia región situada al oeste de Sudán donde habita una población de cultura árabe, mayoritariamente dedicada al pastoreo nómada, y una población negra, dedicada principalmente a la agricultura.

La zona presenta recursos hídricos escasos y una acusada variabilidad climática, como todo el Sahel. Estos recursos hídricos principalmente son acuíferos como el de Nubia, compartido entre Sudán, Egipto, Chad y Libia, y otros acuíferos menores. En cuanto a las aguas superficiales, la región cuenta con ríos estacionales que transportan agua en la estación de las lluvias (denominados *wadis* o *wads*). Sirven como fuente de agua temporal y reflejan la irregularidad de las precipitaciones que caracteriza a la región.

La lucha por el territorio y por el control de las fuentes de agua entre las dos comunidades señaladas, tan diferentes por su cultura y sus actividades económicas, ha sido una de las claves del conflicto. El Gobierno de Sudán no ha sido un actor neutral, sino que, desde su independencia en 1956, ha favorecido a los sectores árabes frente a la población negra. Ya en los años ochenta del pasado siglo se desataron fuertes conflictos, principalmente porque los pastores nómadas árabes entraban en las tierras de los agricultores y estos usaban la violencia para defenderse. Como respuesta, el Gobierno armó a las poblaciones árabes y creó las milicias Janjaweed. En 2003, dos grupos rebeldes, el Movimiento de Liberación de Sudán (SLM o también SLA) y el Movimiento Justicia e Igualdad (JEM), se levantaron en armas contra el Gobierno sudanés, exigiendo mayor autonomía y desarrollo para Darfur, al considerar que la región había sido sistemáticamente marginada y asfixiada por el Gobierno nacional. Ante este levantamiento, el Ejecutivo sudanés respondió con una fuerte represión apoyada en las milicias árabes armadas. Se han constatado masacres contra civiles que incluyen destrucción de aldeas y violaciones como arma de guerra, así como bombardeos de la Fuerza Aérea sudanesa contra comunidades enteras. En 2004, la comunidad internacional calificó la crisis como «limpieza étnica», y en 2007, la Corte Penal Internacional (CPI) acusó al entonces presidente Omar al-Bashir de crímenes de guerra, crímenes de lesa humanidad y genocidio.

El agua no es solo uno de los detonantes del conflicto, sino que también se ha utilizado como arma de guerra, pues las milicias Janjaweed han sido acusadas de destruir pozos (la principal fuente de suministro para la población, el ganado y el regadío) y fuentes de agua, lo que ha favorecido la hambruna, las enfermedades y, en consecuencia, los desplazamientos masivos.

La coincidencia de la degradación medioambiental y la pobre gestión del agua debido a la marginalización estructural que sufren estas comunidades llevó al empobrecimiento de la región y exacerbó las tensiones preexistentes entre los diferentes grupos allí asentados (Montero Blanco, 2020).

La ONU calcula que el conflicto ha causado unos 300.000 muertos y millones de desplazados hacia el Chad y otras regiones de Sudán (solo en el campo de refugiados de Kalma hay unas 200.000 personas), creando una enorme crisis humanitaria. La Unión Africana y la ONU han intervenido, pero la inestabilidad y el conflicto continúan.

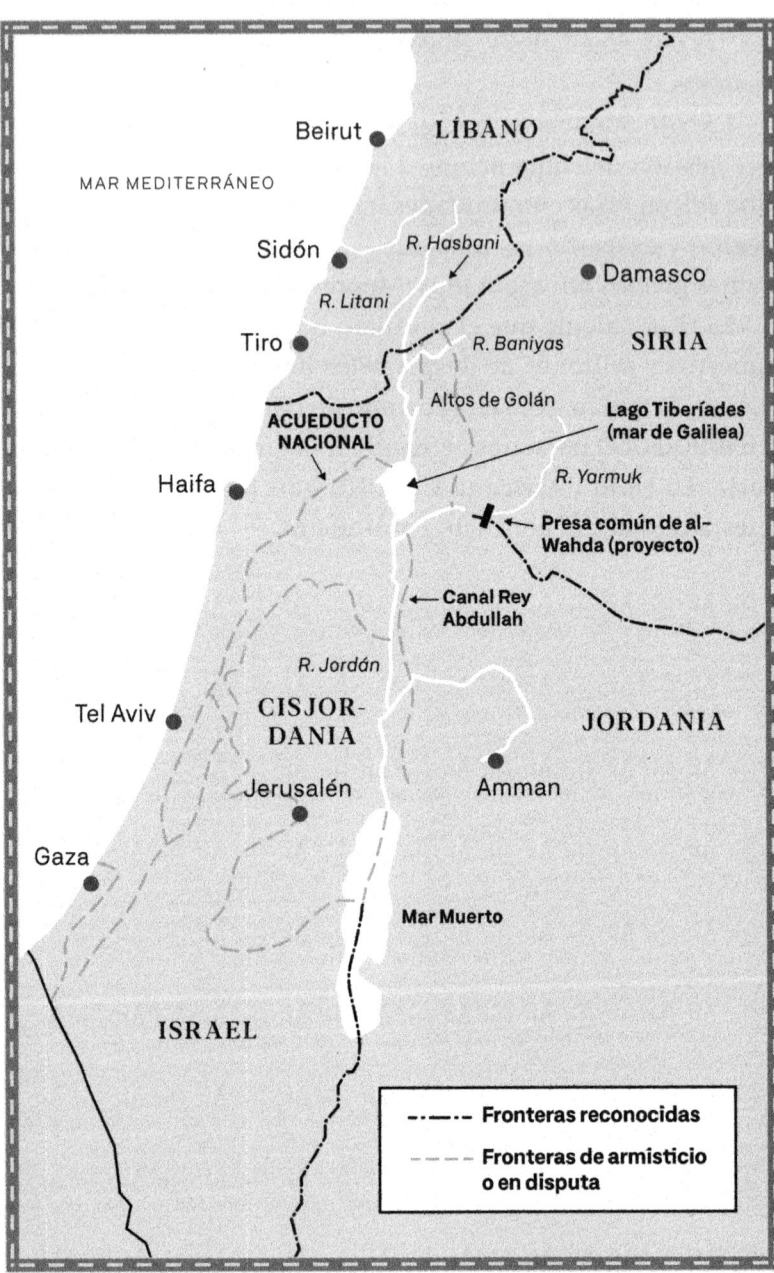

MAR MEDITERRÁNEO

Beirut

LÍBANO

Sidón

R. Hasbani

R. Litani

Damasco

Tiro

R. Baniyas

SIRIA

Altos de Golán

ACUEDUCTO
NACIONAL

Lago Tiberíades
(mar de Galilea)

Haifa

R. Yarmuk

Presa común de al-
Wahda (proyecto)

Canal Rey
Abdullah

R. Jordán

Tel Aviv

CISJOR-
DANIA

JORDANIA

Jerusalén

Amman

Gaza

Mar Muerto

ISRAEL

–·—·— Fronteras reconocidas

– – – Fronteras de armisticio
o en disputa

7

El Jordán, ese objeto de deseo hídrico

EL RÍO JORDÁN PARTE DEL LAGO DE TIBERÍADES (o mar de Galilea) en dirección norte-sur hasta el mar Muerto, un lago de elevada concentración de sal localizado a casi 400 metros bajo el nivel del mar. Se trata, por lo tanto, de una cuenca endorreica (sin salida al mar abierto). Su sistema hidrológico es relativamente pequeño, pero de gran complejidad, y se enmarca en una región que ha sido clave en la historia de la humanidad, entre otros motivos, por ser parte de la creciente y fértil cuna de las tres principales religiones monoteístas.

Los principales cursos de agua que alimentan el lago de Tiberíades, considerados el origen de las aguas del Jordán, son tres manantiales: uno situado en el norte de Israel, otro en el Líbano y el tercero en los Altos del Golán, territorio de Siria ocupado por Israel. De ellos, el procedente del Líbano, situado en las faldas del monte Hermón, se considera el principal.

Su longitud es de unos 250 kilómetros de curso meandriforme y sinuoso (algo más de 300 kilómetros si consideramos la aportación que llega al Tiberíades desde el monte Hermón). Su caudal medio, cuando sale del mar de Galilea, es de unos 16 m³/s, relativamente constantes debido a la regulación natural que esta masa de agua proporciona. Cuando llega al mar Muerto, su caudal se ha reducido a 1-2 m³/s. De las aguas de su cuenca dependen unos 50 millones de personas.

El río Yarmuk es su principal afluente, llega por la margen izquierda y marca parte de la frontera entre Siria e Israel y entre Israel y Jordania; asimismo, contribuye a aumentar su caudal aguas abajo de la salida del Jordán del lago de Tiberíades. Alimenta la acequia de Ghor (actualmente, Canal Rey Abdullah) que discurre en paralelo al este del río y aporta agua a Jordania.

Se trata, por lo tanto, de un río de corto recorrido y escaso caudal, pero a pesar de su modestia desde el punto de vista hídrico, su importancia es vital por muchos motivos. Es una de las pocas fuentes de agua dulce de Oriente Próximo en una zona de clima mediterráneo al norte y progresivamente más árido hacia el sur y hacia el interior. Ya en el libro del Éxodo del Antiguo Testamento aparecen crónicas de las luchas entre los pueblos asentados en la zona por el control de las aguas del Jordán, algo que parece una constante en la historia. En la actualidad, la fuerte conflictividad de la zona lo convierte en un recurso especialmente estratégico y deseado, pues facilita el asentamiento de la población y el desarrollo de actividades económicas, lo que refuerza a unos estados y a unas comunidades sobre otras.

La situación geopolítica de la zona cambió de forma radical con el establecimiento del Reino de Jordania (1946) y de Israel (1948). A partir de ese momento, ambos países comenzaron sus proyectos de aprovechamiento de las aguas del río por separado. En un principio no había problemas graves de escasez, pero fueron surgiendo las desconfianzas entre ambos países por lo que cada uno pudiera hacer con el agua y la posible escasez que el otro pudiera sufrir. Estados Unidos intentó mediar en el conflicto, pero sin conseguir los resultados esperados, y tanto Jordania como Israel perseveraron en sus proyectos por separado, de forma que la tensión fue en aumento.

Los países árabes consideraron que el proyecto israelí, llamado Transportador Nacional del Agua, era intolerable por la apropiación de aguas comunes del río, y en 1960 amenazaron con desviar aguas desde el Líbano y Siria al río Yarmuk, y de este a la acequia de Ghor, para así beneficiar a Jordania y privar de caudales a Israel, lo que inutilizaría el Transportador. Cuando la ministra israelí de Asuntos Exteriores, Golda Meir, se enteró de la amenaza de los países árabes, advirtió de que cualquier tentativa de desviar el agua de las cabeceras del Jordán significaría «un ataque directo a los recursos vitales de Israel» y equivaldría, por consiguiente, a «una amenaza contra la paz». A partir de esta escalada y durante los años sesenta, las escaramuzas de diferente nivel fueron constantes, y aunque el conflicto tenía múltiples variables, el control de los caudales del río Jordán, especialmente en su cuenca alta, era una de las más importantes. Para Israel, se trata de su principal fuente de agua dulce, de ahí que decidiese construir el Acueducto Nacional, que entró en funcionamiento en 1964 y empezó a llevar agua desde el lago de Tiberíades hacia buena parte de su territorio, convirtiéndolo en una infraestructura fundamental.

La zona donde se generan buena parte de sus recursos hídricos, como son los Altos del Golán, era territorio de Siria hasta que en la guerra de los Seis Días (del 5 a 10 de junio de 1967) fue ocupada por Israel. En la misma guerra, Israel ocupó Cisjordania (hasta entonces administrada por Jordania) y Gaza (territorio egipcio) y declaró que todos los recursos hídricos de ambos territorios eran propiedad del estado israelí.

En 1981, Israel extendió su jurisdicción y administración a los Altos del Golán. No obstante, esta anexión no ha sido reconocida internacionalmente, y la Resolución 497 del Consejo de Seguridad de la ONU del mismo año declaró nula dicha anexión y sin efecto legal internacional. Aun así, esta ocupación deja a Israel en una clara situación de privilegio respecto a sus vecinos en el control de los caudales del río.

Actualmente, los Altos del Golán siguen bajo control israelí, y en 2019, el presidente de Estados Unidos Donald Trump reconoció la soberanía israelí, lo que generó críticas en otros países.

Hasta 1995, el Jordán hacía de línea de frente en el conflicto árabe-israelí, y en sus inmediaciones había numerosos controles de vigilancia y seguridad, sus orillas estaban militarizadas y estaba restringido el acceso a la población civil, lo que impedía que sus aguas fueran utilizadas con normalidad. A partir de la firma de la paz entre Israel y Jordania (octubre de 1994), la zona se fue pacificando progresivamente. El tratado es histórico e incluye un apartado específico por el cual ambos países acordaban la distribución del agua de los ríos Jordán y Yarmuk, así como de las aguas subterráneas. Israel aceptó transferir a Jordania 50 millones de metros cúbicos anualmente desde el norte del país. Además, los dos países convinieron en cooperar para aliviar la escasez de agua desarrollando recursos hídricos nuevos y existentes, impidiendo la contaminación de dichos recursos y minimizando el desperdicio de agua.

Esta situación ha permitido un mayor desarrollo agrícola de la zona que se ha traducido en una mayor presión sobre las aguas del río por parte de ambos países. Esto explica el escaso caudal que aporta el río en su desembocadura en el mar Muerto y el progresivo descenso del nivel de este lago hipersalado: se calcula en casi un metro por año (unos 50 metros desde 1970), una cifra muy preocupante por sus repercusiones ambientales, paisajísticas e incluso turísticas, lo que genera inquietud en el entorno y explica el proyecto de trasvase de aguas desde el mar Rojo, aún no materializado.

La posición de Israel se ha ido consolidando y ha implementado una hidropolítica restrictiva en el uso del agua, tanto superficial como subterránea, para la población palestina de los territorios ocupados y con unos precios muy superiores a los del resto de la población, lo que ha ocasionado problemas de salubridad, especialmente en Gaza, donde un alto porcentaje del agua de abastecimiento no es potable, así como limitaciones en el desarrollo agrícola. La población palestina, si obtiene agua, lo hace a precios muy elevados, por lo que su producción pierde competitividad frente a la población israelí, que disfruta de subvenciones. La Autoridad Nacional Palestina (ANP) es responsable de la planificación, la regulación y el desarrollo del sector hídrico (incluyendo aguas superficiales y subterráneas) en Cisjordania y en Gaza, pero se encuentra muy limitada no solo por la escasez de recursos, sino también por lo establecido en los tratados internacionales y por las restricciones de Israel. A partir de los Acuerdos de Oslo (1993) existe un Comité Conjunto de Agua que permite a Israel aprobar los proyectos hídricos palestinos, lo que suele ser fuente de tensiones debido a los retrasos y a la desigualdad de trato respecto a la población hebrea. A pesar de ser la distribuidora de agua en los territorios que administra, la ANP depende en buena medida de Israel, pues recibe el suministro de la compañía nacional de agua Mekorot, que beneficia a los judíos, incluidos los colonos, frente a la población palestina. El resultado es que el uso per cápita de agua es muy diferente entre una y otra población y existe un fuerte desajuste entre la oferta y la demanda (muy superior).

Israel ha ido desarrollando una avanzada tecnología de desalinización y reutilización del agua, lo que poco a poco le ha hecho ser menos dependiente del río Jordán. En cambio, Jordania ha recibido un importante número de refugiados palestinos que ha supuesto una notable carga para el estado, entre otras cosas, por la necesidad de darles un adecuado abastecimiento de agua. A pesar de ello, el país árabe ha conseguido que la mayor parte de su población, incluyendo a los refugiados, tenga acceso asegurado a agua potable.

A pesar de todo lo expuesto, se ha ido consolidando progresivamente la convivencia por el uso del agua del río entre Israel y Jordania, lo que ha ido diseñando una cierta interdependencia. Disfrutar de ganancias mutuas sin duda contribuye a un escenario de paz entre ambos países, que tienen que ser muy conscientes de que los caudales del río son limitados, la situación de la zona, muy delicada, y el deterioro ecológico de los ecosistemas fluviales y lacustres, creciente.

A nuestro juicio, a Israel tampoco le interesa que haya un estrés hídrico intenso en la zona que pueda poner en peligro su hegemonía hídrica y la convivencia con Jordania. La economía israelí cada vez se centra más en sectores tecnológicos y menos en la agricultura, lo cual, unido a su alta capacidad de desalinización y reutilización, redunda en una menor dependencia del río Jordán. Jordania, en cambio, todavía no ha llegado a esta situación, por lo que es más dependiente del agua para el regadío. Una transferencia de tecnología de desalación de Israel a Jordania para instalarla en su escasa costa del mar Rojo podría ser un factor que contribuyese a disminuir las tensiones por este recurso en una zona en la que es tan difícil encontrar la paz.

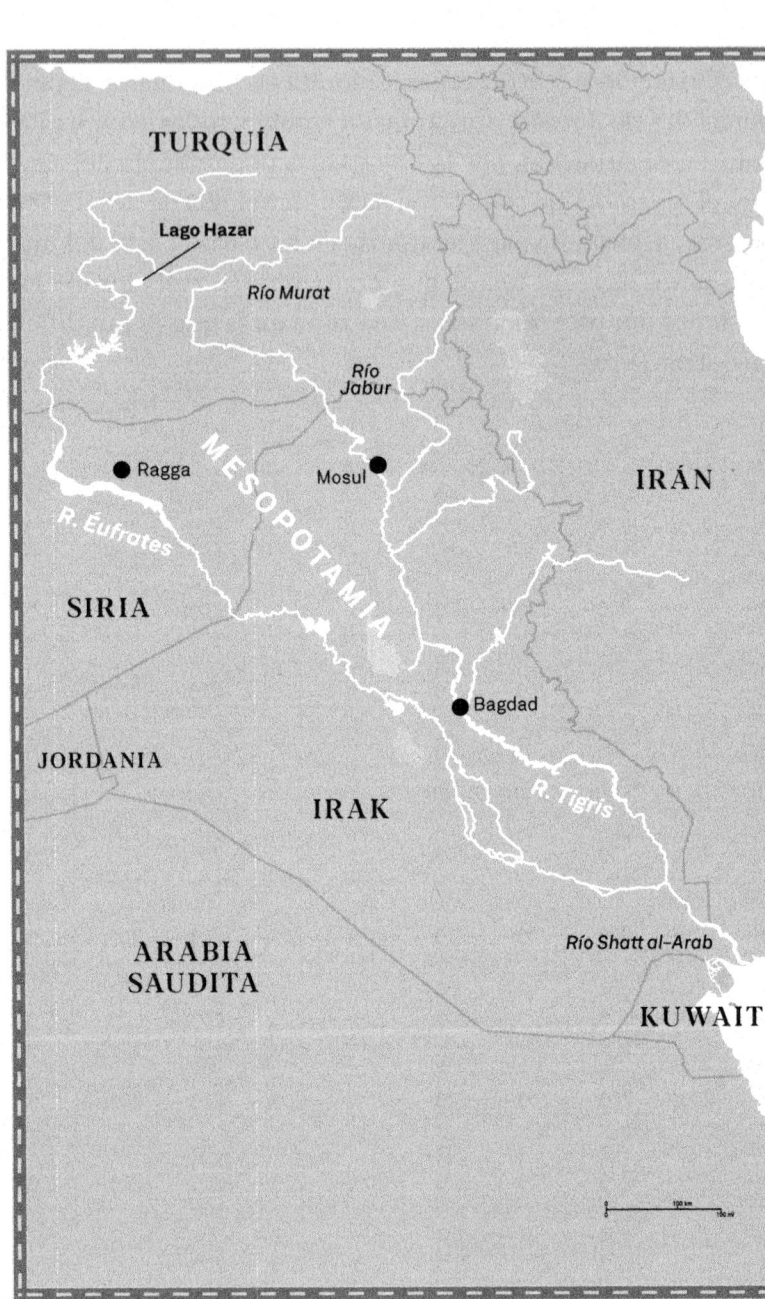

TURQUÍA

Lago Hazar

Río Murat

Río
Jabur

● Ragga

MESOPOTAMIA

Mosul ●

IRÁN

R. Éufrates

SIRIA

● Bagdad

JORDANIA

IRAK

R. Tigris

ARABIA
SAUDITA

Río Shatt al–Arab

KUWAIT

8

Tigris y Éufrates: ¿hidrohegemonía o hidrodominación turca?

SI LA ZONA ANTERIORMENTE ANALIZADA ha sido clave en la historia de la humanidad, no lo es menos la definida por los ríos Tigris y Éufrates, que entre ambos definen la región denominada Mesopotamia por encontrarse entre ambas corrientes fluviales.

El Tigris, el más oriental de ambos, nace en el lago Hazar, situado en las montañas de Taurus, en el sudeste de Turquía, fluye desde este país hacia el sudeste, haciendo frontera entre Turquía y Siria, para después entrar en Irak y bañar su capital, Bagdad. Tiene una desembocadura compartida con el Éufrates denominada Shatt al-Arab, de gran valor ambiental, pero en una zona muy conflictiva al situarse junto a la frontera de Irak e Irán. Su longitud es de unos 1.850 kilómetros y su cuenca tiene una extensión de unos 350.000 km², con territorio de Irán además de los tres países por los que atraviesa.

El nacimiento del río Éufrates también se localiza en la zona oriental de Turquía, más al norte que el Tigris. Se considera la unión de los ríos Murat y Kara Su, que dan origen al gran río de Oriente Próximo. Este tema permite exponer lo difícil que en muchos casos es establecer el punto de nacimiento de un río. Si se considera la unión de dos ríos preexistentes, se trata solo de un cambio de nombre, pues perfectamente se podría elegir a uno de ellos como la parte más alta del río principal. Por eso no son frecuentes las discusiones geográficas sobre cuál es el verdadero nacimiento de los ríos, lo que tiene implicaciones a la hora de establecer su longitud, su jerarquía, etc.

Aceptando el nacimiento oficial del Éufrates, recorre buena parte del Kurdistán turco (sudeste del país) y penetra con un sentido norte-sur en Siria. Aquí recibe por la margen izquierda su afluente Jabur, que también nace en Turquía. Es un río de considerable longitud pero escaso e irregular caudal, lo que refuerza la importancia del Éufrates como la principal corriente fluvial de Siria.

El Éufrates recorre algo más de 600 kilómetros por territorio sirio, pasando junto a ciudades como Raqqa, que se convirtió durante unos años en feudo del ISIS (autodenominado Estado Islámico). Después penetra en Irak y discurre bastante paralelo al Tigris hasta que se unen en la mencionada desembocadura conjunta. Su longitud ronda los 2.850 kilómetros, de los cuales 1.160 son por territorio iraquí. Su cuenca abarca unos 500.000 km^2, y además de los tres países por los que atraviesa en ella, hay pequeños territorios de Jordania y de Arabia Saudí.

Mesopotamia fue una de las cunas de la civilización. En la región se desarrollaron civilizaciones como la sumeria, Akad, Babilonia o Asiria. No hubo una unidad política estable como ocurrió en Egipto, pero se considera cuna de la revolución neolítica, clave en la evolución de las formas de vida. En ella, entre otras novedades, el ser humano se hizo sedentario, aparecieron los primeros asentamientos estables que poco a poco se fueron convirtiendo en las primeras ciudades en las que se originó una organización social, un poder político y la necesidad de regular las relaciones mediante códigos jurídicos.

En ese proceso, el agua de los dos grandes ríos de Oriente fue fundamental, pues permitió el desarrollo de la agricultura de regadío mediante técnicas que se fueron perfeccionando y que permitieron liberar a las comunidades humanas de la necesidad de migrar en busca de caza o frutos. El desarrollo del regadío posibilitó que mejoraran las cosechas, que hubiera más seguridad en la producción, que disminuyera la salinidad de las tierras y que se diversificaran los alimentos ampliando y mejorando la dieta alimentaria. Posteriormente, el invento de la noria, denominada *sira* por su origen, también contribuyó al avance de la agricultura de regadío. Su utilización data del siglo IV a.C., pero podría ser anterior.

Mesopotamia ha tenido una historia convulsa y llena de conflictos. Las relaciones entre las culturas de la zona se basaron en una convivencia difícil, a veces imposible, con frecuentes invasiones y dominaciones a menudo destructivas. La posición estratégica de este territorio y la fertilidad, en buena medida gracias al agua de sus dos grandes ríos, explican que durante la Antigüedad fuera codiciada por los principales imperios: Alejandro Magno la ocupó; Roma también lo hizo en los periodos de mayor expansión; los imperios persa y otomano también la conquistaron, y tras su desintegración se convirtió en protectorado británico.

Esta historia de inestabilidad continúa en la actualidad, agravada por la abundancia de petróleo y el deseo de su control y explotación. Ejemplo de ello es la cruenta guerra entre

Irak e Irán (de 1980 a 1988); la invasión de Irak a Kuwait en 1991, que provocó una intervención posterior de una coalición internacional, o la intervención internacional en Irak en 2003 (Operación Libertad Duradera). Por si fuera poco, surgió el movimiento islamista radical Isis en 2014, que ocupó y controló buena parte del este de Siria y la zona próxima de Irak. Asimismo, buena parte de las cuencas altas de ambos ríos se encuentra habitada por una mayoría de kurdos, pueblo que en numerosas ocasiones ha reclamado la creación de un estado propio y que, debido a su actividad económica tradicional, la ganadería trashumante, ha venido atravesando las fronteras de los estados de forma habitual. Los países con territorio de mayoría kurda, especialmente Turquía, hacen todo lo posible por sofocar los intentos de creación de su estado. En el caso de Turquía, son mayoritarios en las cuencas de los ríos aquí analizados.

Turquía, estado que controla el nacimiento y el curso alto del Tigris y el Éufrates, está llevando a cabo un ambicioso proyecto de desarrollo regional al norte de las fronteras con Siria e Irak denominado Proyecto del Sudeste de Anatolia o GAP (Güneydoğu Anadolu Projesi), cuyos objetivos son los siguientes:

- Generación de energía hidroeléctrica utilizando la capacidad de los ríos de la región para producir electricidad y así reducir la dependencia de los combustibles fósiles, pues la producción de petróleo y gas de Turquía es limitada.
- Desarrollo agrícola aumentando la superficie de riego para transformar zonas áridas en fértiles y productivas.
- Gestión de recursos hídricos aumentando la disponibilidad del agua en una región que históricamente ha enfrentado problemas de sequía y escasez hídrica.

- Control de inundaciones mejorando la seguridad de la región al controlar las inundaciones estacionales mediante la construcción de presas que permitan la laminación de avenidas.

- Desarrollo económico mejorando las condiciones de vida reduciendo la pobreza mediante la creación de empleo en sectores como la agricultura, la energía y la construcción en una de las zonas más pobres de Turquía.

Estos objetivos ya se han cumplido en parte, pues la producción de fruta, algodón o trigo en la región se ha incrementado notablemente, lo que refuerza el papel del país como exportador de alimentos. También la energía generada está favoreciendo la industrialización del país. Como es lógico, proyectos de este tipo también traen consecuencias negativas, como el desplazamiento forzoso de poblaciones (de mayoría kurda) o la pérdida de lugares de importancia ambiental o patrimonial (como la inundación de la ciudad histórica de Hasankeyf por el embalse de Ilisu). La disminución de caudales circulantes por los ríos es la más importante repercusión del GAP en las relaciones con los países aguas abajo, tal y como se analizará posteriormente. El proyecto abarca unos 75.000 km^2 (el 10% de la superficie del país, afectando a nueve provincias), pretende regar 1,7 millones de hectáreas de tierras cultivables (el 20% de las tierras irrigables de Turquía) y afecta a unos 7 millones de habitantes (el 10% de la población total del país).

MAR NEGRO

TURQUÍA

MAR MEDITERRÁNEO

Las nueve provincias afectadas por el proyecto GAP

MAR ROJO

De las cifras ofrecidas se puede deducir que se trata de un inmenso proyecto para el que se necesitan grandes infraestructuras. Se proyecta construir 22 presas y 19 centrales hidroeléctricas, además de cientos de kilómetros de canales y acequias de riego. De las presas, la de mayor tamaño es la de Atatürk. Se completó en 1992 y está situada en el río Éufrates. Proporciona agua para riego y genera una gran cantidad de energía hidroeléctrica. La presa de Birecik, también en el Éufrates, y la de Ilisi, en el Tigris, ambas con fines similares, son otras de las destacadas.

Turquía no cuenta para este proyecto con financiación del Banco Mundial, la ha obtenido de entidades privadas de varios países europeos, aunque las repercusiones y la polémica del GAP han provocado algunas retiradas. A pesar de los problemas de financiación, el país anunció en 2023 una inversión de 13.600 millones de euros en esta región del sudeste de Anatolia, dirigidos a proyectos de irrigación, a mejorar las comunicaciones, a fomentar el turismo y a paliar los efectos de los terremotos devastadores que sufrió en febrero de ese mismo año y que dejó unos 50.000 muertos. También pretende disminuir la brecha entre la renta per cápita de la zona con la media del Estado.

El proyecto tiene unas repercusiones internas y otras externas de gran calado. En cuanto a las primeras, empezaremos por mencionar que la zona afectada es de mayoría kurda (buena parte de la población ni siquiera habla turco). Los kurdos se reparten por el este de Turquía, por el norte de Siria e Irak y por el oeste de Irán. Tradicionalmente se han movido con sus ganados practicando el nomadismo por toda la región y atravesando con libertad las fronteras de los países, lo cual no es del agrado de estos, especialmente Turquía. Hoy en día, la población kurda del norte de Irak disfruta de una amplia autonomía que, en opinión de algunos, puede convertirse en el embrión de un posible estado kurdo, lo que aterra a los países vecinos, sobre todo al Gobierno de Ankara.

Entre la población kurda, los lazos familiares (entendida la familia como una amplia red que podemos considerar casi tribal) son muy fuertes. La generalización de una forma de vida que podemos considerar moderna, o al menos diferente de la tradicional kurda, ligada a la construcción de infraestructuras y agricultura productiva de regadío, puede debilitar las relaciones entre la población kurda y sus formas tradicionales de cohesión, reforzando la adhesión al estado turco (escasa hasta el momento en buena parte de la población de esta etnia) mediante la vinculación con el Ministerio de Agricultura y los órganos de extensión agraria. El GAP se convertiría así en un instrumento para debilitar el nacionalismo kurdo y reforzar la vinculación por parte de este pueblo con el estado turco, al que se le relaciona con la modernidad frente a las tradicionales formas de vida kurdas. Algunos incluso llegan a interpretar que los embalses del proyecto se han diseñado para dificultar los movimientos de la población kurda, especialmente hacia el norte de Irak, actuando como un muro ante los desplazamientos.

Con respecto a las repercusiones en el ámbito internacional, cabe mencionar que ya en 1975 Siria e Irak estuvieron al borde de la guerra, cuando el llenado del embalse turco de Keban y del sirio de Tahba, unidos a la sequía, generaron problemas serios de abastecimiento de agua en Irak. Turquía firmó un acuerdo con Irak en 1984, y otro con Siria en 1987, en el cual se comprometía a dejar un caudal mínimo de 500 m³/s en el Éufrates; a cambio, Siria se comprometía a impedir las actividades del PKK (Partido de los Trabajadores del Kurdistán) y de otras organizaciones similares a las que Turquía considera terroristas. Posteriormente, políticos turcos relevantes ligaron el problema del agua con la exigencia de que Siria resolviera la cuestión del PKK. En 1996, el primer ministro Demirel declaró que «es imposible sentarse a negociar sobre agua mientras se permita el terrorismo».

Turquía considera la cuestión kurda como una prioridad nacional, y utiliza su posición dominante al controlar los nacimientos y las cuencas altas de ambos ríos para presionar especialmente a Siria y debilitar las posiciones internas y externas del nacionalismo kurdo.

Las tensiones por el tema del agua han sido una constante. Los acuerdos son bilaterales y no resuelven el problema, pues se necesita un compromiso entre los tres estados. Además, los acuerdos prevén un caudal mínimo que se calcula como una media anual, pero no garantizan el suministro de agua durante el verano, que es cuando disminuyen las aportaciones de los ríos pero las demandas alcanzan el máximo. Tampoco hay un conocimiento preciso de las aportaciones de ambos ríos, que varían notablemente de año en año en función de las lluvias y las nieves invernales, y se ven modificadas por los embalses y las extracciones de agua para diferentes usos, especialmente el regadío. Serían necesarios cálculos para restituir los caudales al estado natural, y a partir de ahí llegar a acuerdos entre los tres países para un reparto real y transparente.

En 1989, cazas MIG de la aviación siria derribaron un avión turco de reconocimiento que pertenecía a la Dirección General del Registro Agrario, supuestamente debido a las tensiones en torno al agua. En enero de 1990, Turquía movilizó al ejército de forma preventiva mientras cortaba el río

Éufrates para llenar el embalse de Atatürk, reduciendo en un 75% el caudal de agua que continuaba hacia Siria e Irak. El Gobierno iraquí amenazó con bombardear esta presa que permite a Turquía cortar completamente el flujo de agua a los países que viven río abajo. Por todo ello, las reclamaciones de Siria e Irak contra Turquía por limitar el flujo de agua son constantes.

En 2009, los tres países celebraron en Ankara una cumbre de emergencia para tratar el problema de la sequía en la región y de los caudales del Éufrates y del Tigris. El entonces ministro iraquí de Recursos Hídricos, Latif Rashid (que posteriormente, en 2022, se convertiría en presidente del país), explicó que Irak se enfrenta a migraciones masivas, especialmente en el sur, causadas por el descenso de la cantidad de agua que entra a través de ambos ríos y la escasez de lluvias, lo que intensifica los problemas de salinización de las tierras. Su petición de recibir más agua fue rechazada en términos diplomáticos por su homólogo turco, Taner Yıldı. «Somos conscientes de lo necesitados de agua que están nuestros vecinos —declaró—, pero Turquía no soltará más caudal. [...] No podemos perjudicar nuestro propio sistema hídrico y energético». Turquía, por lo tanto, aprovecha su control de las cuencas altas de ambos ríos para consolidar su hidrohegemonía.

Una vez más, en este conflicto se ha utilizado el cambio climático como argumento en función de los intereses propios. Siria e Irak culpan principalmente a Turquía del descenso de los caudales circulantes por los ríos y de los problemas derivados, mientras que Turquía esgrime que sus proyectos no detraen cantidades significativas de agua y que la escasez se debe principalmente al cambio climático.

No hay que olvidar que Turquía es país miembro de la Organización del Tratado del Atlántico Norte, la OTAN, y, por tanto, aliado de Estados Unidos, aunque en ocasiones su política exterior parece jugar a varias bandas. Las relaciones con Estados Unidos se han enfriado últimamente, entre otros motivos, por el apoyo norteamericano a los kurdos, que tuvieron un destacado papel en la lucha contra el ISIS.

Asimismo, disfruta de una posición estratégica privilegiada, pues es el puente natural entre Europa y Asia, encaja su región este en Oriente Próximo, limita con una zona inestable como el Cáucaso, además de hacerlo con Irán y los mencionados y volátiles Siria e Irak, y, por si fuera poco, controla el paso entre el mar Negro (escenario de la guerra entre Rusia y Ucrania) y el Mediterráneo a través del Bósforo y los Dardanelos. Así pues, sabe muy bien que es un país clave en la geopolítica actual, y por ello hace valer sus bazas.

Además, es candidato oficial a entrar en la Unión Europea, motivo por el cual la UE realiza un seguimiento de la situación. En una resolución del 12 de marzo de 2008 sobre los progresos de Turquía, el Parlamento Europeo llamó la atención sobre «las consecuencias sociales, ecológicas, culturales y geopolíticas» del proyecto GAP, entre ellas, el suministro hídrico de los países aguas abajo (Irak y Siria), y pidió al Gobierno turco que dedicase toda su atención a estas cuestiones, que protegiese los derechos de la población afectada y que velase «por una estrecha cooperación con las autoridades locales y regionales». Ese mismo año, una delegación del Parlamento Europeo presidida por Satu Hassi, exministro finlandés posteriormente integrado en los Verdes Europeos, indicó que Turquía estaba ignorando estos consejos y que basaba su política en aprovechar su posición de fuerza. «La delegación se llevó la impresión de que Turquía pretende que muchas de estas presas se conviertan en hechos consumados antes del posible ingreso en la UE». Las relaciones de Turquía con la UE también se han enfriado, hasta el punto de que el Parlamento Europeo votó en 2016 a favor de suspender las negociaciones de adhesión.

Si el ingreso se llega a producir, los conflictos generados por el GAP pasarían a ser de la UE, lo que no favorece el proceso de entrada. Otro escollo relacionado con el agua es que la UE promueve la gestión sostenible y equitativa de los recursos hídricos compartidos, en línea con la Convención de Naciones Unidas sobre el derecho de los usos de los cursos de agua internacionales para fines distintos de la navegación (1997), y Turquía no es parte de este convenio.

Para terminar, cabe añadir que Turquía ha venido apoyando a los rebeldes que han combatido al Gobierno de Damasco en la guerra civil de Siria, pero siempre priorizando evitar que se consolidara un territorio kurdo autónomo en el norte del país. La caída de Al Assad sin duda abre una nueva etapa con grandes incertidumbres en la relación de ambos estados en todos los aspectos. En cuanto a Irak, Ankara estableció acuerdos bilaterales con el Gobierno Regional del Kurdistán (GRK) del norte de Irak sin pasar por las autoridades centrales de Bagdad (Conde, 2017), llegando incluso a acuerdos bilaterales para la exportación de petróleo extraído en el Kurdistán iraquí a través de Turquía. Al mismo tiempo, persigue al PKK asentado en la zona, incluso con incursiones militares y bombardeos, argumentando su derecho de autodefensa al considerarlo un grupo terrorista. Estas incursiones provocan las protestas del Gobierno de Irak, pero su control efectivo de la zona es muy limitado.

Mientras tanto, el GRK se va consolidando como un actor casi estatal que muy probablemente terminará por desarrollar su propia política hídrica.

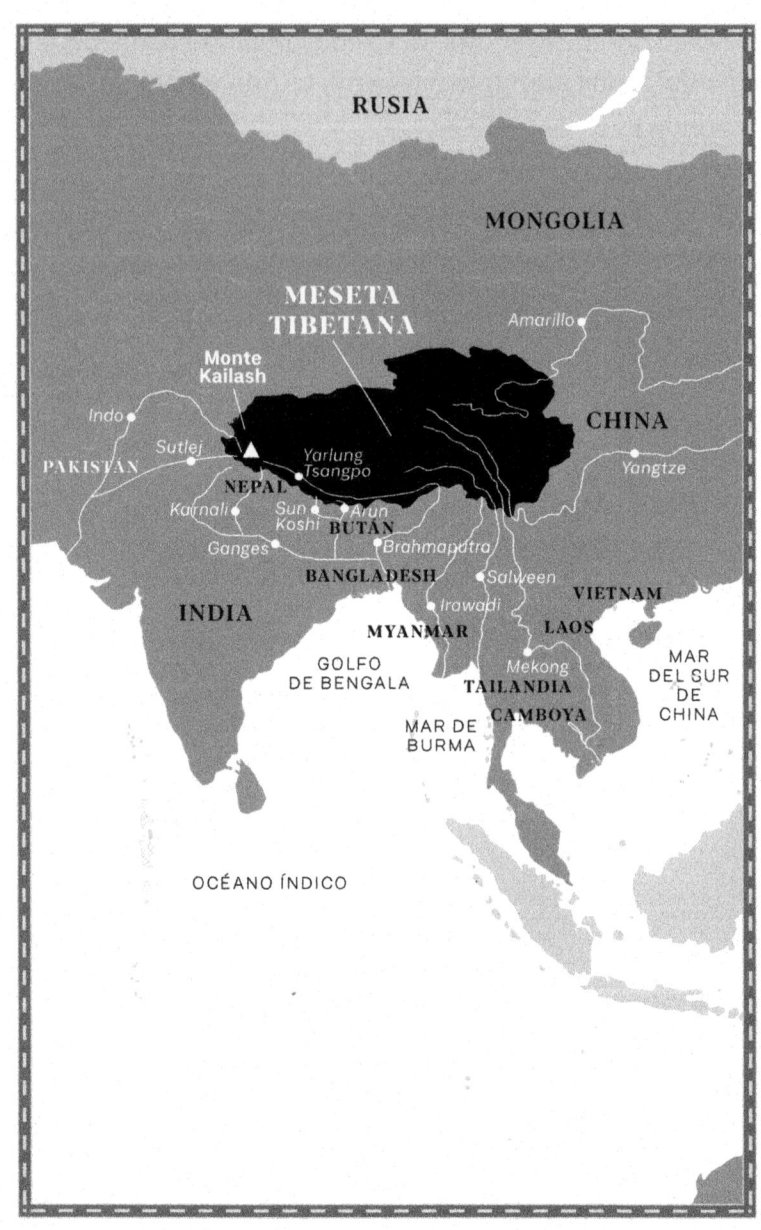

Principales ríos que nacen en el Tíbet.

9

El Tíbet, esa gran fuente de agua codiciada por todos

A CONTINUACIÓN, VAMOS A HABLAR de uno de los epicentros de la lucha por el control del agua en el mundo.

La meseta del Tíbet es una enorme llanura de altura con unos cinco millones de kilómetros cuadrados y una altitud media en torno a los 4.000 metros. Un enorme conjunto de cordilleras, compuesto por el Himalaya, el Karakórum, el Hindu Kush, el Pamir y el Tian Shan, lo limita por el sur y oeste. En ellas se localizan las cumbres más elevadas del mundo, catorce de ellas con más de 8.000 metros. La suma de la alta meseta y las cordilleras circundantes genera lo que en ocasiones se denomina el «tercer polo», pues concentra numerosos glaciares que en total abarcan unos 100.000 km². Estos glaciares se alimentan de las nevadas de unos inviernos que pueden ser muy largos y fríos. La estación más lluviosa es el verano debido a la influencia de los monzones, por lo que los ríos no presentan estiaje estival, sino aguas altas en los meses más cálidos.

En esta región nacen diez importantes ríos: el Amu Daria,

el Brahmaputra, el Ganges, el Indo, el Irawadi, el Mekong, el Salween, el Tarim (que muere en la cuenca endorreica del mismo nombre), el Yangtsé y el río Amarillo. También nacen numerosísimos afluentes que aportan sus aguas a los mencionados ríos. De ellos, todos son ríos internacionales excepto el Tarim, el Yangtsé y el río Amarillo, que son íntegramente chinos (aunque parte de la cuenca del Tarim está fuera de China). Estos ríos internacionales recorren territorio de dieciséis países: China, India, Nepal, Tayikistán, Pakistán, Afganistán, Bután, Myanmar, Bangladesh, Camboya, Tailandia, Turkmenistán, Vietnam, Uzbekistán, Laos y Kirguistán. Entre todos ellos existe una gran diferencia en cuanto a la dependencia del agua, siendo Turkmenistán el que presenta un mayor grado, con un 97% (Hidalgo, 2022).

El Tíbet era un país independiente con cultura propia hasta que en 1950 el ejército de la República Popular China lo invadió desde el este, obligando al Gobierno tibetano a firmar el Acuerdo de los 17 Puntos que supone la incorporación del país a China. Desde entonces, numerosos tibetanos han huido a otros países vecinos, como Nepal y la India, con la intención de preservar su cultura y tradiciones ante la fuerte presión china para disminuir su presencia e influencia.

La meseta del Tíbet es muy rica en numerosos recursos naturales como bosques, hidrocarburos, cobre, uranio, zinc, oro, etc. (Baños, 2019), pero de todos ellos el agua quizá sea el más destacado, pues coloca a China en una posición de clara hegemonía sobre sus vecinos de la región. El Tíbet aporta el 40% de los recursos hídricos de China, siendo un país que, como veremos enseguida, no anda muy sobrado de agua y sufre fuertes desequilibrios internos. La consolidación del dominio chino sobre el Tíbet es una prioridad nacional, pues el gigante de

Oriente no puede permitirse perder el control sobre la principal fuente del planeta. El control del Tíbet además convierte a China en el país aguas arriba de numerosas corrientes fluviales que aportan agua a trece países vecinos y a casi el 50% de la población mundial. Eso le da un inmenso poder. China lo sabe y está decidida a aprovecharlo.

Estos ríos son también una enorme fuente de energía hidroeléctrica. Actualmente hay numerosísimos proyectos de construcción de presas o centrales fluyentes en los ríos que nacen en la región, lo que ha provocado la protesta de los países situados aguas abajo. Estas protestas no han hecho mella en los proyectos de China, pues esta argumenta que no disminuyen el caudal fluyente. Su política de decisiones unilaterales sin tener en cuenta los efectos en los países situados aguas abajo es clara. De hecho, China no ratificó la Convención de Naciones Unidas de 1997 sobre el derecho de los usos de los cursos de aguas internacionales para fines distintos a la navegación argumentando que no se daba suficiente importancia a la soberanía de cada estado y que no estaba de acuerdo con el sistema de resolución de disputas. Todavía hoy sigue mostrando poco interés en participar en organismos o foros internacionales sobre gestión de recursos hídricos.

La zona es escenario de numerosos conflictos fronterizos no resueltos, como el de Cachemira entre la India y Pakistán (que ha provocado varias guerras abiertas entre las dos potencias nucleares), numerosos lugares de fricción entre China y la India tanto en la zona oriental como en la occidental, la delimitación entre Nepal y la India o entre China y Bután. En el trasfondo de estas tensiones territoriales están sin duda el acceso y el control de los recursos hídricos.

Actualmente, la India es el país más poblado del mundo; se estima que en 2025 alcance los 1.438 millones, y China, el segundo más poblado, los 1.409. Es decir, entre ambas potencias, las dos nucleares y con economías en rápido crecimiento, concentran más de un tercio de la humanidad. Aun así, China sufre una serie de desequilibrios hídricos. Para empezar, su enorme población hace que los recursos de agua per cápita y año estén en torno a 2.000 m³, muy por debajo de la media mundial, que supera los 6.000 m³. Cuenta con el 20% de la población mundial y el 7% de los recursos. La situación de la India es todavía peor, pues cuenta con poco más de 1.000 m³ per cápita y año. Asimismo, el desarrollo económico de China significa mayores demandas de agua y de energía eléctrica, por lo que el panorama puede ir a peor en el futuro. Por último, China adolece de un fuerte desequilibrio en cuanto a la distribución geográfica del agua: el norte concentra casi la mitad de la población y es pobre en recursos hídricos; además, los monzones llegan con menor fuerza, los ríos son menos caudalosos, más irregulares y se sufren sequías periódicas; por el contrario, el sur, una zona menos industrializada, cuenta con recursos hídricos mucho más abundantes. Esta distribución explica los macrotrasvases del sur al norte de los que ya se ha hablado anteriormente.

Se define así una situación de desequilibrios y escasez creciente de agua a nivel interno y de hegemonía a escala internacional. Esta hegemonía ejercida con decisiones unilaterales y muy escasos acuerdos con los países vecinos no puede ser desvinculada del principal objetivo geoestratégico de China: convertirse en la potencia hegemónica del planeta a mediados de siglo y ocupar el lugar central que según ellos les corresponde.

Este panorama en el que China ejerce su control sobre los tramos altos de importantes ríos internacionales, con el desarrollo de grandes trasvases para cubrir sus crecientes demandas, preocupa a los estados vecinos, pues nadie asegura que en un futuro no se extraigan caudales de las cuencas altas del Brahmaputra, el Mekong o afluentes de los grandes ríos, con el consiguiente perjuicio para los estados de aguas abajo. Hoy en día no existe un acuerdo multilateral sobre la gestión de las aguas de los ríos transfronterizos, aunque sí que hay acuerdos bilaterales entre China y algunos estados.

Claves hidropolíticas de la zona

Dado el enorme peso demográfico, político y económico de China y la India, debemos comenzar por las disputas que mantienen por el agua. Tradicionalmente, ambos países han tenido relaciones complicadas, marcadas por la desconfianza mutua. Desde la antigüedad ha habido mucha relación cultural y religiosa entre el Tíbet y la India, pero Pekín no va a permitir ningún movimiento que signifique una presencia destacada del vecino del sur en esta región clave. Los estados de Nepal y Bután han hecho de colchón entre ambos países, pero la incorporación del pequeño estado de Sikkim a la India en 1975 no fue bien aceptada por China, que sin embargo está aumentando su influencia en Bután y sobre todo en Nepal, como se verá más adelante. Tampoco podemos olvidar a Pakistán, una potencia nuclear enemiga acérrima de la India, con quien mantiene la disputa por Cachemira desde la independencia de ambos, y actual aliado de China, con quien mantiene una estrecha colaboración.

China es y ejerce el papel de potencia controladora de los recursos hídricos al estar aguas arriba; la India está aguas abajo respecto a China, pero está aguas arriba respecto a Pakistán en el Indo y respecto a Bangladesh en el Ganges y el Brahmaputra. Así las cosas, el laberinto hidropolítico está servido.

En las fricciones entre la India y China por el agua podemos identificar dos principales focos. El primero de ellos es el oriental, en la cuenca del río Brahmaputra.

El río Brahmaputra (llamado Yarlung en China) nace en el glaciar Kubigangri (Tíbet). Discurre con marcado sentido oeste-este por territorio chino hasta que en el Himalaya oriental describe una gran curva que le lleva a discurrir hacia el sur y después hacia el sudeste. En esta zona abre el imponente cañón de Yarlung Tsangpo, considerado el más profundo del mundo, con más de 5.000 metros de laderas y unos 500 kilómetros de longitud. Después de labrar esta maravilla de la naturaleza, penetra en territorio indio y discurre en sentido nordeste-sudoeste, para después penetrar en Bangladesh con dirección norte-sur y desembocar en un amplio y complejo delta compartido con el Ganges. Su longitud total es de casi 4.000 kilómetros, su cuenca es de unos 700.000 km² y tiene un caudal medio en desembocadura de unos 19.000 m³/s, aunque puede superar los 100.000 en momentos de riadas correspondientes con los monzones de primavera y verano.

Se trata de uno de los ríos transfronterizos más importantes de Asia por el volumen del agua transferida de un estado (China) a otros, pues su cuenca recibe abundantes lluvias monzónicas, y también por los millones de personas que dependen de sus aguas (abastecimiento y, sobre todo, irrigación). Para la India es de especial importancia, pues supone el 30% de los recursos hídricos del país y el 40% de la capacidad de generación de hidroelectricidad (Zhang y Li, 2018). A modo de curiosidad, diremos que en sus proximidades, junto a un río que lleva sus aguas al delta conjunto del Brahmaputra y el Ganges, se localiza la que está considerada la ciudad más lluviosa del mundo, Cherrapunji (India), donde la precipitación media mundial alcanza los 12.000 l/m², una cifra enorme que recibe principalmente gracias a los monzones de verano.

China, consciente de su importancia, lo considera también estratégico para la generación de hidroelectricidad y, como hemos descrito, controla su tramo alto. Ya está en funcionamiento alguna de las turbinas de la presa Zhangmu a casi 3300 metros de altura en el Tíbet y, cuando esté finalizada, tendrá una capacidad de generación de 510 MW.

Además, cuenta con un macroproyecto de cinco presas en cascada en la zona denominada «la gran curva» en la que el río desciende unos 2000 m de desnivel en 50 km. En julio del 2025, el país anunció oficialmente el comienzo de las obras de este megaproyecto que forma parte del 14 plan quinquenal chino que pretende generar 300 TW al año, lo que triplicaría la capacidad de generación la de las Tres Gargantas, actualmente la más grande del mundo. El coste de la obra también es de proporciones enormes, pues alcanza 1.2 billones de yuanes (casi 150.000 millones de euros) y una de las presas proyectadas superará los 300 m de altura, lo que le convertiría en la más alta del planeta.

Es un verdadero gigante poco antes de que el río entre en territorio indio, en una zona reclamada por China (el norte del Estado de Arunachal Pradesh). Sin duda demuestra la intención de China de aprovechar sin límites el enorme potencial hidroeléctrico de la zona con un verdadero alarde de su ingeniería.

A las dimensiones colosales de estas infraestructuras hay que añadir el hecho de que la zona es muy activa sísmicamente. Es cierto que, en la construcción de presas, especialmente en estos lugares, se tienen en cuenta estas circunstancias para la estabilidad del dique y su solidez, pero un terremoto podría provocar un deslizamiento masivo de las laderas que traería consigo una gran ola que desbordaría el dique aunque sin provocar su ruptura. Esto es lo que ocurrió en la presa de Vajont en los Alpes italianos el 9 de octubre de 1963, cuando un enorme deslizamiento de tierra se precipitó al lago, causando una enorme ola que desbordó el dique sin romperlo. El resultado fue una repentina inundación aguas abajo que causó 1450 muertos.

La situación descrita no sería tan catastrófica para las poblaciones instaladas aguas abajo (India y Bangladesh), como una ruptura del dique, pero las consecuencias serían desastrosas.

Lógicamente su construcción alterará el ecosistema de la zona, de gran valor y singularidad, y su anuncio ya ha afectado a las relaciones con los países aguas abajo, pues ha provocado mucha inquietud en India y Bangladesh, ya que consideran que la política de poder hídrico aplicada por China podría incluso desviar parte del caudal del río hacia el Norte, como parte de los grandes proyectos de transvase de agua desde el sur hacia las regiones septentrionales, lo que significaría una disminución de los caudales recibidos por India y Bangladesh.

India ha mostrado formalmente su preocupación al gobierno chino, a lo que este ha respondido señalando que ellos no pretenden imponer una hidrohegemonía ni conseguir beneficios a expensas de sus vecinos, comprometiéndose a mantener cauces de diálogo y cooperación con los países del curso inferior para prevenir o mitigar desastres.

Corte transversal del río Yarlung Tsangpo en Tíbet.

Mapa de la cuenca del río Yarlung Tsangpo,
que drena la ladera norte del Himalaya.

También ha habido protestas de grupos tibetanos que afirman que los proyectos hidroeléctricos destruyen algunos de sus lugares sagrados, pero han sido fuertemente reprimidas. Por todo ello, la India intenta limitar la influencia china en la región con otros proyectos hidroeléctricos a lo largo del río; sin embargo, la posición dominante del curso alto que tiene China, su creciente control de los ríos tibetanos y la decidida voluntad de dejar claro quién manda en la región, sitúan a este país en una posición incómoda.

Si compleja es la situación en la zona oriental, el foco de fricción en la zona occidental, en la cuenca del Indo, aún lo es más, pues hay que añadir sus repercusiones en Pakistán, con la disputa por Cachemira entremedias.

En 1947, el dominio del Imperio británico tocó a su fin en la península del Indostán, surgiendo así dos estados: la India, en las zonas de mayoría hindú, y Pakistán, en las zonas de mayoría musulmana (entonces dividida en Occidental y Oriental, la cual posteriormente se independizó con ayuda de la India y formó Bangladesh). Esta delimitación basada en mayorías religiosas en los territorios provocó un enorme éxodo de población en ambos sentidos buscando ser acogidos en función de sus creencias religiosas.

En el momento de la independencia, la región de Cachemira tenía una amplia mayoría musulmana, pero era gobernada por un marajá hindú que firmó un acuerdo para que el territorio formara parte de la India, lo que motivó que en octubre de 1947, Pakistán invadiera la región. El marajá pidió ayuda a la India, y en 1948 la ONU envió una misión de observación. Desde entonces ha habido cuatro guerras entre los dos países, ambos potencias nucleares. Actualmente la región está dividida: la zona oriental está controlada por la India y la occidental, por Pakistán. La misión de observación de la ONU sigue activada, pues la tensión en la frontera es máxima, con frecuentes intercambios de disparos.

China también está muy presente en la región, pues el Indo, principal río de Pakistán y fuente de la mayor parte de sus recursos hídricos, nace en territorio chino, a más de 5.000 metros de altitud en la meseta del Tíbet. Discurre hacia el noroeste y penetra en la zona controlada por la India y Cachemira, y después en la zona controlada por Pakistán. Aquí se incurva hacia el sudoeste y mantiene esta dirección hasta que desemboca en el mar Arábigo formando un amplio delta. Su longitud es de unos 3.100 kilómetros y su cuenca abarca más de 1,1 millones de kilómetros cuadrados. Se trata de un río caudaloso gracias a las aportaciones de las nieves y las lluvias de su tramo alto. Constituye la espina dorsal de Pakistán y aporta aproximadamente el 90% de los recursos hídricos del país, pues sus aguas abastecen a buena parte de la población, a su industria y a buena parte de sus extensas superficies de regadío. Salvando las distancias, el Indo es a Pakistán lo que el Nilo a Egipto.

La enemistad entre la India y Pakistán es manifiesta, y China, rival del primero, considera y trata al segundo como un aliado prioritario.

La cuenca alta del Indo es una zona muy montañosa, la prolongación noroeste del Himalaya se denomina Karakórum e Hindu Kush. Aquí el clima permite el mantenimiento de grandes glaciares que en buena medida alimentan al Indo. Entre ellos hay que destacar el Siachen, de 700 km^2, considerado una de las mayores reservas de agua dulce del mundo. Se localiza en una zona de frontera poco definida y cerca del valle de Galwan, zona de paso entre el territorio de Aksai

Chin, controlada por China pero reclamada por la India, que en 2020 fue escenario de enfrentamientos directos entre tropas de ambos países, con 20 fallecidos reconocidos. Las aportaciones de agua del Galwan son fundamentales para la alimentación del Indo. China construyó infraestructuras tras los enfrentamientos para que el agua del río no penetrase en la India.

En el recorrido del Indo en la zona administrada por Pakistán hay cinco proyectos de grandes presas, entre las que destaca la de Diamer-Bhasha, ya en construcción. La participación china en ellos es esencial, pues forman parte del corredor económico China-Pakistán, fundamental en la estrategia china de aislamiento indio, en la que Pakistán es pieza clave, así como la hidrohegemonía.

Es importante destacar que la gestión del río Indo está regida por el Tratado de Aguas del Indo de 1960, que establece los derechos y las obligaciones de la India y Pakistán en relación con el uso de las aguas del río y sus afluentes. El tratado, en el que medió el Banco Mundial, asignaba a la India los ríos orientales (Ravi, Beas y Sutlej) y a Pakistán los occidentales (Indo, Jhelum y Chenab), aunque permitía a la India un uso limitado de estos últimos para proyectos como la generación de energía hidroeléctrica.

Durante décadas, el tratado ha sido considerado un ejemplo de cooperación bilateral, incluso en periodos de conflicto. Su implementación estaba a cargo de una comisión permanente integrada por representantes de ambos países, con mecanismos establecidos para resolver disputas. Cualquier proyecto o actividad en la cuenca del Indo situada en territorio indio debe cumplir con las disposiciones de este tratado para evitar conflictos entre ambos países. Sin embargo, el fuerte

**Área de disputa
entre China e India**

- - - Línea de Control Actual (LAC)

Glaciar de
Siachen

Lago
Aksai Chin

Aksai Chin
(administrado por China)

● — Valle de Galwan

Cachemira
(administrado por India)

INDIA

CHINA

Pangong
Tso

Google

R. Indo

Sitio
aproximado del
enfrentamiento
del 15 de junio
de 2020

Reserva
Maharana
Pratap

20 km

crecimiento demográfico en la zona en ambos países supone una mayor presión sobre el recurso hídrico, de forma que la cantidad de agua por habitante ha disminuido notablemente, hasta el punto de dejar a Pakistán al borde de la escasez, con lo cual dicho tratado está en una situación precaria.

Pakistán es muy sensible al tema debido a su gran dependencia de los recursos de la cuenca del Indo y se opone a que la India desarrolle proyectos hidroeléctricos por miedo a que esta disminuya el agua disponible y, mediante el control de los caudales, ahogue sectores claves de su economía, como el regadío, la industria o incluso el abastecimiento a grandes ciudades. Por ejemplo, en el río Chenab, afluente del Indo, la India ha impulsado la construcción de las presas Pakal Dul y Lower Kalnai, que Pakistán considera una violación del Tratado de Aguas, aunque la India rechaza estas acusaciones. Por su parte, la India también se opone a que en Pakistán se construyan presas con ayuda China, su otro gran enemigo y rival, y está fomentando la consideración de ciertos lugares situados en Pakistán como sagrados para el hinduismo, alentando la presencia de peregrinos hinduistas en zonas de mayoría musulmana para, de este modo, reforzar la vinculación del río Indo a la religión hindú.

Por si esto fuera poco, tenemos dos elementos más que complican sobremanera la situación. El primero, la ya citada intervención de China en la zona, donde intenta aplicar su hidrohegemonía y reforzar su alianza estratégica con Pakistán como pieza clave para su gran proyecto de la Nueva Ruta de la Seda. El segundo, los movimientos crecientes que buscan la independencia de la Cachemira controlada por la India, bajo dos argumentos: que el tratado de 1960 limita a esta región el uso del agua para el regadío y para generar hidroelectricidad, a pesar de sus abundantes recursos hídricos, limitando así su desarrollo (lastrado por el juego político entre India y Pakistán), y que la India invierte poco en la región por el miedo a que en algún momento pueda ser independiente o controlada por Pakistán, lo que también limitaría su desarrollo.

El acuerdo firmado en 1960 ha sobrevivido a las dos guerras acontecidas entre ambos países en 1965 y 1971, y también a las fuertes tensiones fronterizas de 1999. No obstante, tras el atentado del 22 de abril de 2025 en el que murieron 28 personas, la tensión ha crecido hasta el extremo. La India ha tomado una serie de medidas que incluyen suspender la aplicación del tratado, consciente del daño que ello produce a su vecino. A principios de mayo saltó la noticia de que la India cortaba el caudal de agua del río Chenab mediante el cierre de las compuertas de la presa de Baglihar para disminuir la llegada de agua a la región paquistaní del Punjab. El Gobierno indio afirmó que era una medida temporal, lógicamente limitada por la capacidad de almacenamiento de las presas localizadas en el río, pero demuestra su decisión de dañar los intereses paquistaníes utilizando el agua como instrumento de presión. Por su parte, el Gobierno de Islamabad advirtió que el corte del agua sería considerado como un *casus belli*.

La situación descrita tras el atentado de abril de 2025 es muy grave y en el momento de escribir estas líneas es imposible saber su evolución. Con todo, estos acontecimientos son inéditos en la convulsa historia de las relaciones entre ambos países, un ejemplo perfecto de la importancia creciente que los recursos hídricos tienen en esta zona del mundo y de cómo los estados están dispuestos a utilizar su control para debilitar a los demás.

Y en medio, Nepal

Nepal es un país de casi 150.000 km² sin salida al mar, situado entre el Tíbet al norte y la India al sur. Buena parte de su territorio es muy montañoso, con elevadas cumbres del Himalaya. Tradicionalmente, ha tenido mucha vinculación cultural con la India y ha acogido a numerosa población tibetana huida de la invasión china y la posterior presión sobre sus costumbres, su religión y sus tradiciones. Sin embargo, esta situación comenzó a cambiar. Hasta 2008 era una monarquía, pero ese año el rey fue depuesto por rebeldes maoístas apoyados por China y el país se convirtió en una república, comenzando así la creciente influencia del gigante del norte. El país sufrió un terremoto destructivo en 2015, tras el cual China aprovechó

Corriente fluvial en la región central de Nepal. El caudal de los ríos y su fuerte encajamiento les da un enorme potencial hidroeléctrico.

para invertir importantes sumas de dinero en reconstruir las infraestructuras dañadas, pero con esta medida también aprovechó para reforzar su presencia e influencia en Nepal, que había ejercido el papel de contención entre China y la India. La frontera entre ambos países es cada vez más permeable, el comercio se intensifica y la presencia China es creciente.

Nepal es un país muy rico en recursos hídricos, pues los ríos nacen en el Himalaya, son alimentados por las lluvias monzónicas, así como por las nieves y los glaciares de las cumbres, y descienden con caudales abundantes hacia el sur, aportando sus aguas al Ganges. Con todo, sufre una gran debilidad económica e institucional (es exagerado hablar de estado fallido, pero su baja capacidad de gestión es evidente), lo que lo convierte en un solar muy adecuado para recibir inversiones de China, ávida por aplicar su hidrohegemonía en forma de numerosos proyectos. La apertura de nuevas y mejores vías de comunicación terrestre entre los dos países (por ejemplo, entre la región nepalí de Rasuwa y el Tíbet) y los numerosos proyectos hidroeléctricos financiados por China, van convirtiendo poco a poco a Nepal en una especie de protectorado energético de China al sur del Himalaya. Lógicamente, la India ve con preocupación el creciente acercamiento de este país a la órbita de su gran rival.

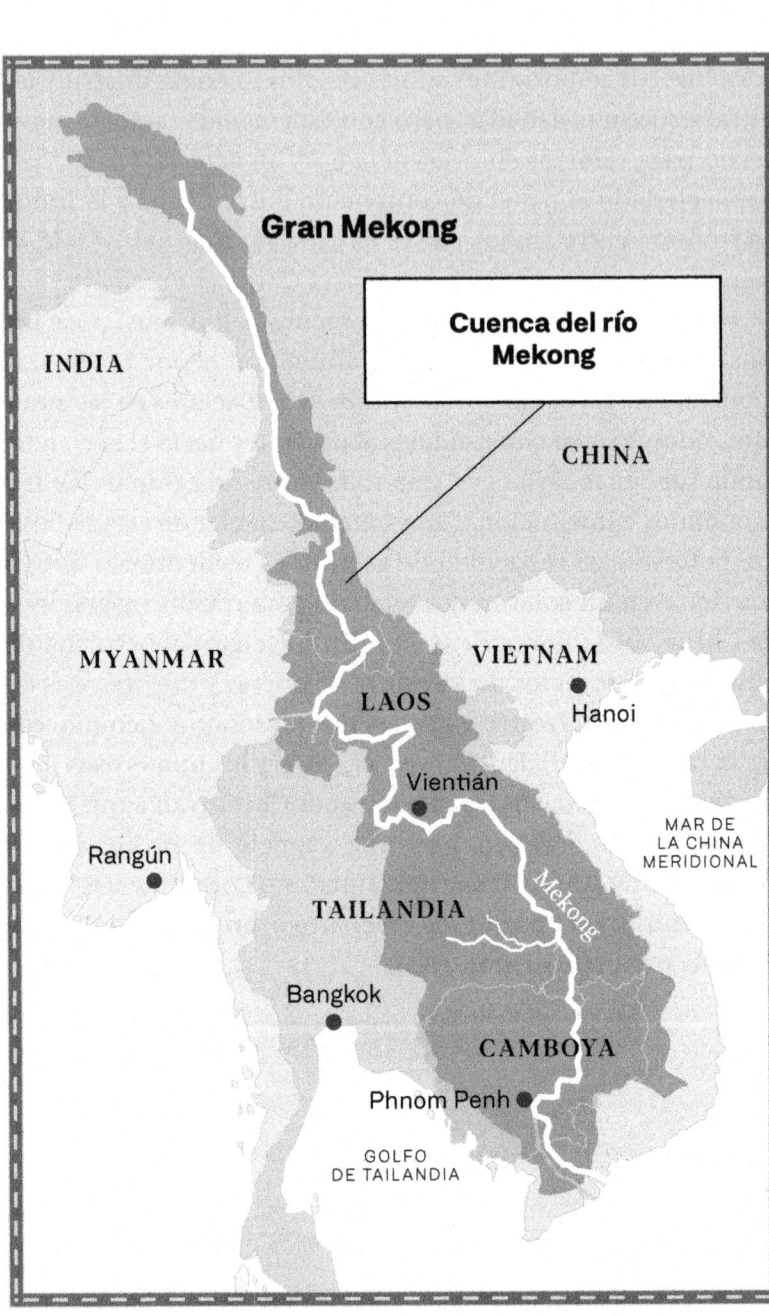

Gran Mekong

Cuenca del río
Mekong

INDIA

CHINA

MYANMAR

VIETNAM

LAOS

Hanoi

Vientián

MAR DE
LA CHINA
MERIDIONAL

Rangún

TAILANDIA

Mekong

Bangkok

CAMBOYA

Phnom Penh

GOLFO
DE TAILANDIA

10

El Mekong, la fertilidad casi infinita

YA SE HA COMENTADO ANTERIORMENTE la importancia de este gran río para la península de Indochina, pero aportaremos algunos datos para que se entienda mejor.

También procedente del Tíbet, el Mekong es la gran arteria fluvial del Sudeste Asiático, con una longitud de unos 4.350 km. En su cuenca, de más de 800.000 km², converge territorio de Tailandia, Myanmar, Laos, Camboya, Vietnam y, cómo no, de China, donde nace a más de 5.000 metros de altura. En este país recorre la mitad de su longitud (con el nombre de Lancang), permitiéndole controlar el tramo alto, muy encajado y con fuertes pendientes, rápidos y cascadas, lo que le da un potencial hidráulico enorme. Los intereses y las necesidades entre estos países son muy diferentes, por lo que los desencuentros son habituales, aunque también hay interesantes iniciativas de cooperación.

Su caudal medio en desembocadura es de unos 16.000 m³/s, aunque con importantes variaciones, pues en el periodo estival, en el que su cuenca es regada por las lluvias monzónicas, llega casi a 40.000 m³/s, mientras que en invierno se reduce a unos 2.500 m³/s. De sus aguas dependen unos 60 millones de personas (Hidalgo García, 2022), aunque su influencia indirecta abarca a más población. Desemboca en Vietnam en forma de un gran delta de unos 40.000 km², con nueve brazos navegables.

Se le considera la pesquería de agua dulce más importante del mundo y su fauna piscícola presenta una enorme biodiversidad. Su cuenca es rica en recursos minerales y sus caudales tradicionalmente han sido muy utilizados para regadío, sobre todo de arroz. Sus aguas frecuentemente limosas aportan fertilidad a las tierras y permiten obtener tres cosechas.

No obstante, la demanda en su cuenca está creciendo debido al aumento de la población y especialmente al rápido crecimiento económico que está viviendo la región. Para cubrir estas necesidades (principalmente de electricidad) se están construyendo embalses que están alterando profundamente su curso y, en parte, su régimen, lo que influye en los usos tradicionales del regadío y la pesca.

El potencial energético del río ha desatado una verdadera fiebre de construcción de presas. China está construyendo cuatro en el tramo del río que discurre por su territorio, ha proyectado otras cuatro y para 2030 tiene previstas siete más. Por su parte, Laos ya está construyendo la presa de Nam Theun 2, cuyo objetivo es multiplicar la capacidad de producción de electricidad, exportar a Tailandia y así mejorar su situación económica (bastante demacrada), pero a cambio de afectar directamente la vida de 7.000 personas, disminuir la aportación de limos al delta y afectar negativamente a la pesca.

No obstante, los problemas de la cuenca no se limitan al aumento de las demandas o las alteraciones de caudales y re-

tenciones de limos en las presas. La contaminación es creciente debido, sobre todo, al uso masivo de pesticidas y fertilizantes en los campos de arroz y a la escasa depuración de las
aguas residuales en los núcleos de población. Se ha detectado
una presencia peligrosa de fósforo, metales pesados, amonio y
arsénico (en parte, de origen natural) en las aguas de abastecimiento, regadío y cría de peces para consumo humano. Estos
problemas se acrecientan en el delta, donde la concentración
es máxima. La disminución de caudales debido a las demandas crecientes también favorece la intrusión de salinidad del
mar en los acuíferos del delta, lo que disminuye la fertilidad
de las tierras y, por lo tanto, la productividad de arroz, básico
en la dieta de millones de personas de la región.

Río Mekong, de caudal abundante y principal eje hidrológico
del Sudeste Asiático.

Vida fluvial en el delta del Mekong.

Como comentábamos, China también se ve favorecida por la geografía de esta zona, pues al tener en su territorio la cuenca alta le permite ejercer su hidrohegemonía. Además, ve el Mekong como una vía de salida hacia el sudeste de Asia, por lo que le interesa mejorar la navegabilidad (por el momento, un objetivo difícil debido a los numerosos rápidos en la cuenca alta y la media), convirtiendo así esta autopista fluvial en otra pieza de su estrategia de rodear y aislar a su rival, la India.

Los países de la cuenca baja del río (Laos, Camboya, Tailandia y Vietnam), conscientes de su situación de desventaja frente a China, crearon la Comisión del río Mekong para trabajar unidos con vista a un desarrollo sostenible, según recoge el Acuerdo de Cooperación para el Desarrollo Sostenible del río Mekong, acuerdo que va en concordancia con la Convención de Naciones Unidas sobre el derecho de los cursos de agua internacionales. Esta comisión, donde China figura como observador (Hidalgo García, 2022), ha facilitado el intercambio de información entre los estados miembros y establece un mecanismo para someter a consulta la intención de construcción de presas con el objetivo último de mejorar el desarrollo de la región y reducir la pobreza. Aun así, no han cesado las tensiones con China. Tras algún periodo de sequía que ha sufrido la región, los países de aguas abajo han acusado al Gobierno de Pekín de disminuir los caudales circulantes, a lo que este argumenta lo contrario: las presas contribuyen a mantener los caudales debido a la regulación que ejercen sobre ellos. Una vez más, encontramos discrepancias sobre el efecto de las presas, aunque en función de cómo se gestionen estas, pueden beneficiar a unos o a otros.

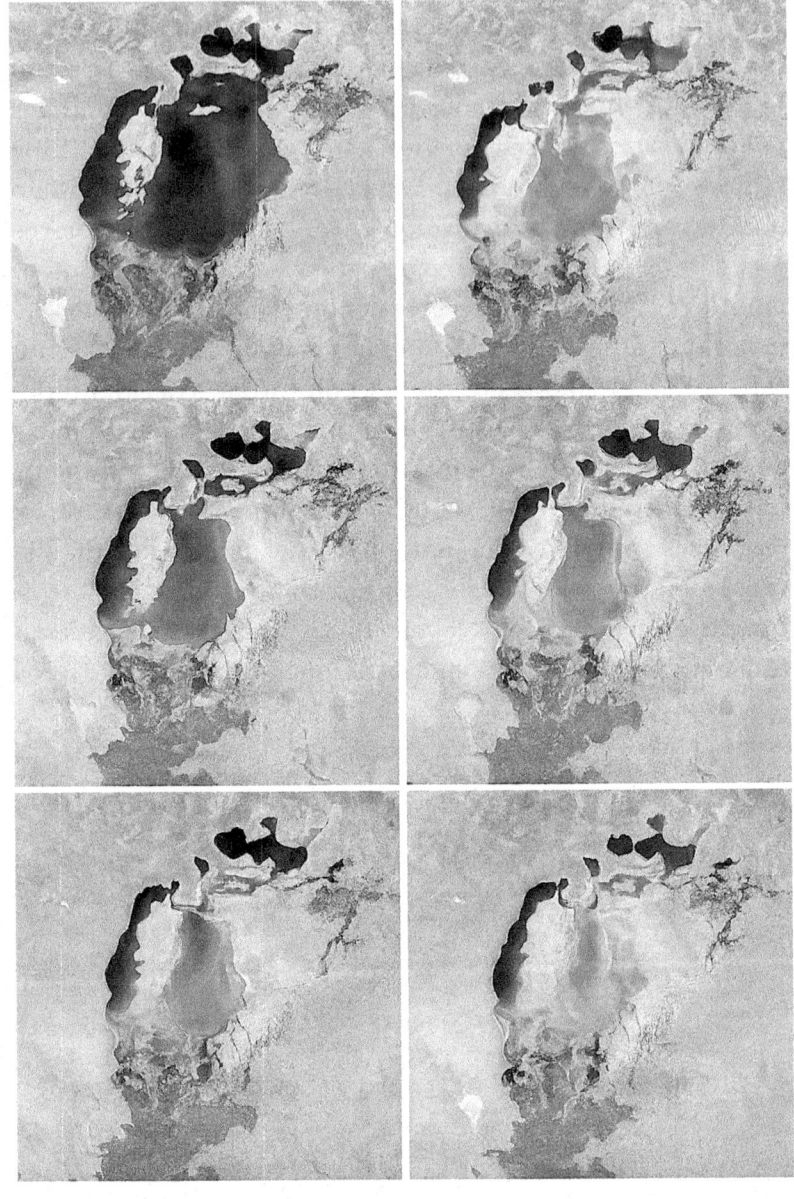

El mar de Aral: de próspero lago a mar de sal

EL MAR DE ARAL ERA (YA NO LO ES) EL SEGUNDO lago salado más extenso del planeta después del mar Caspio (al que también se aplica el término «mar» aunque se trata de un enorme lago salado en una gigantesca cuenca endorreica).

A mediados del siglo pasado contaba con unos 68.000 km² de extensión, una longitud de más de 400 kilómetros y una anchura que superaba los 280 kilómetros. Se localizaba a 53 metros sobre el nivel del mar en Asia Central, en una zona de clima continental de características semiáridas, y recibía las aguas de escorrentía de una enorme cuenca endorreica de más de 1,5 millones de kilómetros cuadrados. Antes de la disolución de la Unión Soviética, su superficie estaba íntegramente dentro de sus fronteras, pero tras la independencia de las repúblicas de Asia Central, se reparte entre Kazajistán y Uzbekistán. En su cuenca hay territorios de estos dos países, además de Turkmenistán y, con menor superficie, Tayikistán, Kirguistán, Afganistán e Irán.

Aunque la cuenca que aporta agua superficial al lago es enorme, los principales tributarios son los ríos Amu Daria y el Sir Daria.

El Amu Daria se forma de la unión de otros ríos en las montañas de Pamir, en la frontera entre Tayikistán y Afganistán. Su longitud supera los 2.500 kilómetros desde la confluencia, pero si añadimos al Panj (uno de los que lo forman), supera los 3.000 kilómetros. Su cuenca supera el medio millón de kilómetros cuadrados y su caudal tiene máximos en verano debido a la fusión de las nieves y glaciares de su cuenca alta y a las lluvias estivales que recibe su cabecera. Es un río de caudal abundante en régimen natural (unos 2.000 m³/s), pero con las mencionadas variaciones estacionales.

Por su parte, el Sir Daria recibe su nombre a partir de la confluencia de dos ríos que proceden de Kirguistán, pero se unen en Uzbekistán. Su longitud es de unos 2.200 kilómetros, pero alcanza los 3.000 si se contabilizan los de su tributario Narin. Su cuenca supera los 780.000 km² y el régimen hidrológico en estado natural es similar al del Amu Daria, con máximos caudales en primavera y verano por las mismas razones. Desemboca en la zona noroeste del mar de Aral.

Se define así un escenario en el que Kirguistán y Tayikistán son los principales productores de agua al contar en su territorio con importantes cadenas montañosas que reciben abundantes precipitaciones de agua y de nieve y albergan glaciares de gran extensión, mientras que Kazajistán y Uzbekistán, localizados en las cuencas medias y bajas de los mencionados ríos, son muy dependientes de los recursos hídricos procedentes de los anteriores.

Este escenario de producción/dependencia se ha visto agravado por los programas de desarrollo del regadío.

Ya entre las décadas de 1930 y 1950, la Unión Soviética desarrolló proyectos de irrigación en ambos ríos, pero de pequeño alcance. En la década de los años sesenta se hicieron grandes regadíos que se alimentaban de los caudales del Amu Daria y el Sir Daria, especialmente en Uzbekistán. El objetivo era cultivar principalmente algodón, del que la Unión Soviética era deficitaria. Se trata de una planta que necesita muchas horas de sol, temperaturas ideales entre 20 y 30 grados, no tolera bien las heladas y precisa de bastante aporte hídrico durante su ciclo vital. Las condiciones de temperatura que necesita dentro del enorme territorio que tenía la Unión Soviética se daban en escasas zonas; entre ellas, las cuencas de los ríos mencionados. La climatología de la zona, de condiciones semiáridas, obligaba a instalar los cultivos con sistemas de regadío, para lo que se comenzaron a extraer importantes caudales de los tributarios del mar de Aral.

En los años sesenta y setenta se extendieron todavía más los riegos, con importantes infraestructuras, como el canal del Karakum, que entró en funcionamiento en 1988. Se trata de una enorme infraestructura de más de 1.200 kilómetros de longitud que extrae unos 13 km^3 anuales de agua del río Amu Daria y los lleva a través del desierto del mismo nombre. Se considera una de las obras de conducción de agua de mayor tamaño del mundo y ha permitido el desarrollo de grandes superficies de regadío; también es fundamental para el abastecimiento de la ciudad de la capital de Turkmenistán, Asjabad, que ha tenido un importante desarrollo hasta alcanzar el millón de habitantes.

Después de todos estos proyectos, la superficie de regadío entre ambas cuencas alcanzó la enorme cifra de 7 millones de hectáreas.

No obstante, las infraestructuras construidas adolecen de graves deficiencias, como importantes pérdidas de agua a lo largo de su recorrido, lo cual, unido al clima cálido de la zona en los meses de verano, significa una gran pérdida por evaporación y procesos de salinización en los suelos encharcados por estas pérdidas. Tampoco hay adecuados sistemas de drenaje en las zonas de regadío, lo que vuelve a generar encharcamientos (adversos para el desarrollo del algodón), dificulta la vuelta de los caudales sobrantes y escorrentías de las tierras regadas a los cauces naturales y aumenta las pérdidas por evaporación en el tórrido verano.

En 1991, con la disolución oficial de la Unión Soviética, la región quedó dividida en los actuales estados independientes, que siguen explotando las infraestructuras, pero con diferentes intereses entre ellos.

Sin duda, el principal afectado por este proceso ha sido el mar de Aral, que de ser el segundo lago salado más extenso del mundo y el cuarto del mundo, incluyendo a los de agua dulce, sufre un progresivo proceso de disminución que ha llevado a convertirlo en dos pequeños cuerpos de agua: el Aral del sur, en Uzbekistán, que se da por prácticamente perdido debido a las escasas aportaciones que recibe, y el Aral del norte, en Kazajistán, que recibe las aguas que el río Sir Daria es todavía capaz de aportar. Sus aguas se han estabilizado tras la construcción del dique Kokaral, que asegura el mantenimiento de una lámina de agua permanente, pero, en contrapartida, las aguas no se extienden por la superficie antes ocupada por el lago, por lo que la recuperación del resto es imposible. Hoy en día, el Aral del norte ocupa unos 3.300 km² y el Aral del sur, unos 3.600 km².

Mar de Aral en 2024; se aprecia el Aral del norte
y el Aral del sur.

El resto de la superficie que en el pasado ocupaba el lago es hoy una gran superficie cubierta por la sal. La zona es de topografía muy llana y con frecuencia soplan vientos de cierta intensidad del norte y noroeste en verano, y del sur y este en invierno, impulsados por las altas presiones que se instalan en el interior de Asia en estas fechas. Estos vientos no encuentran barreras orográficas y con frecuencia levantan tormentas de arena y sal, acompañadas de elementos tóxicos como pesticidas o metales pesados que se encuentran en el lecho del antiguo lago o en sus alrededores, depositados allí por las escorrentías de regadío que llegaban al lago. Estos materiales levantados por el viento se depositan en lugares del entorno, a veces lejanos, en forma de deposiciones secas o con la lluvia, lo que tiene consecuencias sobre la salud de las poblaciones circundantes. Ciudades antes portuarias en la costa del lago, como Moynaq (Uzbekistán) o Aralsk (Kazajistán), han visto aumentar los problemas oculares, dermatológicos y respiratorios de sus habitantes, además de sufrir las consecuencias de la desaparición del lago. Asimismo, hay otras consecuencias derivadas:

- Pérdida de uno de los mayores cuerpos de agua del planeta y de la riqueza pesquera que contenía. La población del entorno se abastecía del pescado del lago, lo que actualmente es imposible, salvo, de forma reducida, en el Aral del norte. El abastecimiento de pescado hay que realizarlo desde el Caspio o desde el lejano Índico. La industria de transformación de la pesca, antaño próspera, ha desaparecido.
- Salinización de las tierras de cultivo del entorno. Las tormentas de arena y sal señaladas aportan estos elementos a las tierras productivas, lo que redunda en una progresiva reducción de su fertilidad.
- Desaparición de las vías de transporte de pasajeros y mercancías.
- Intensificación de los procesos erosivos y de corrosión de infraestructuras, patrimonio, etc.

En la zona del mar de Aral

PRIMAVERA Y VERANO

OTOÑO E INVIERNO

N
S
E

Vientos dominantes según estaciones en la zona del mar de Aral.

Sin duda, la del mar de Aral es una de las mayores catástrofes ambientales relacionadas con el agua del planeta. Ciudades y pueblos antaño situados en las orillas de uno de los mayores lagos del mundo son ahora lugares secos, polvorientos, en los que la lámina de agua queda a mucha distancia, azotados ocasionalmente por tormentas de arena y sal en los que solo prosperan las plantas adaptadas a altas concentraciones de sal. Los restos oxidados de los barcos varados en medio del desierto son la metáfora de la decadencia de una enorme región. La planificación desastrosa, con un objetivo productivista que no tiene en cuenta las consecuencias ambientales, económicas y sociales, las deficiencias en los canales de regadío y drenaje y la desconexión de esta planificación con la realidad climática e hidrológica han provocado esta situación.

Implicaciones geopolíticas

No podemos olvidar los diferentes intereses entre los países afectados por la situación, independientes tras la disolución de la Unión Soviética. Hay un sustrato de disputas fronterizas, pues todos los estados se independizaron conservando las fronteras de las repúblicas soviéticas, trazadas con gran arbitrariedad sin tener en cuenta criterios étnicos, económicos o naturales.

Kirguistán y Tayikistán son los principales generadores de agua en la cuenca del mar de Aral debido a su orografía y a su clima, mientras que los países más beneficiados por los regadíos son Kazajistán, Uzbekistán y Turkmenistán. Las consecuencias negativas de la desecación del lago se reparten por toda la región, aunque afectan de forma más directa a los países que compartían sus aguas (Kazajistán y Uzbekistán).

Kirguistán y Tayikistán son dos países de interior (curiosamente, Kirguistán es el único país del planeta que para alcanzar el mar tiene que atravesar otros dos estados). Ambos sufren dificultades económicas, pero son ricos en recursos hídricos, y quieren utilizar este potencial para exportar energía eléctrica a sus poderosos vecinos (especialmente a China).

En el caso de Kirguistán, la central hidroeléctrica de Toktogul, situada en el río Naryn (uno de los que origina el Sir Daria) y dotada con una capacidad estimada de 1.200 MW, abastece al país asiático en un 40% de su demanda de energía. Se trata, por lo tanto, de su principal fuente de energía. El sistema energético de Tayikistán se apoya en gran parte en la planta hidroeléctrica de Nurek, con una capacidad de 3.000 MW. En ambos países la hidroelectricidad cubre la casi totalidad de su demanda energética, pero su capacidad de generación es

muy superior (se calcula que explotan solo entre el 5 y el 10%
de ella), por lo que su potencial exportador es muy grande y
poco desarrollado. Ambos países quieren convertir la exportación de energía eléctrica en un motor de riqueza y desarrollo, por lo que tienen previsto aumentar la capacidad de generación. Esta situación y su proximidad al gran demandante de
energía que es China los pone en el punto de mira del gigante
asiático.

Uno de los proyectos más ambiciosos para explotar la capacidad hidroeléctrica de la región es la construcción de la presa de Rogun, situada en el río Vakhsh, en Tayikistán, cuyas
obras comenzaron en 2016 y ha entrado parcialmente en funcionamiento. El proyecto, cofinanciado por la Unión Europea,
cuenta con un muro de más de 300 metros de altura, lo que la
convierte en la presa más alta del mundo, y le permite generar
hasta 3.600 MW cuando esté en plena actividad.

A ambos países les interesa soltar caudales de sus centrales
hidroeléctricas en invierno, pues en estos meses se producen
las puntas de demanda de sus poblaciones para la calefacción.

Aunque, como decimos, tienen intereses comunes respecto
a los otros países situados aguas abajo, la relación entre ellos
no es buena, pues las disputas fronterizas también afectan al
control del agua. En abril de 2021, la tensión local fue máxima
cuando ciudadanos tayikos instalaron cámaras de vigilancia
en la estación de agua Golovnoy, disputada entre los dos países. El descontento entre la población local provocó una serie
de enfrentamientos que acabaron con la vida de 55 personas y
más de 10.000 desplazados. En 2023, ambos países acercaron
posturas e impulsaron el proyecto CASA-1000, que pretende
reforzar la generación de electricidad de ambos países y exportar los excedentes a Pakistán y Afganistán, países deficita-

rios, lo que genera recelos en los países situados aguas abajo del Amu Daria y el Sir Daria.

Uzbekistán depende en más del 70% de los recursos hídricos procedentes de los países anteriores y cuenta con amplias superficies de regadío a los que tiene que aportar importantes caudales durante los meses de verano, especialmente para el cultivo del algodón y del cereal. Le interesa, por lo tanto, recibir caudales estables y asegurados en esta época del año, lo que es fuente de tensiones con Uzbekistán y Tayikistán. Por este motivo, muestra una firme oposición a que los países de aguas arriba construyan presas, especialmente la de Rogun. Incluso en 2012 llegó a amenazar con una guerra, aunque posteriormente suavizó su postura, eso sí, tras aumentar notablemente su presupuesto de defensa.

Kazajistán, por su parte, depende en más del 40% de las aguas procedentes de los países aguas arriba del Sir Daria y tiene intereses similares a los de Uzbekistán en cuanto a la estacionalidad de los caudales, pues también cuenta con mucha superficie de regadío dedicado especialmente al cereal (incluyendo el arroz) y el algodón. En el caso kazajo, su preocupación también se centra en la recuperación parcial de su sector del mar de Aral (zona norte) mediante la construcción del mencionado dique Kokaral.

Turkmenistán depende en más del 90% de los recursos hídricos procedentes de los países de cabecera del Amu Daria, pues el canal de Karakum es la principal arteria hídrica del país y toma sus caudales de este río, aunque las pérdidas por infiltración del canal debido a errores de construcción se calculan en un 50%. Lógicamente, no quiere que Tayikistán construya más presas que puedan disminuir o alterar el flujo del Amu Daria.

Sin embargo, a pesar de la manifiesta tensión por el agua en la región, además de los problemas derivados de la desecación del mar de Aral, también son muchas las posibilidades de colaboración, buscando el beneficio de todos a través del entendimiento. Los países de aguas arriba (Tayikistán y Kirguistán) son ricos en energía eléctrica potencial y sus políticas hidráulicas se perciben como amenazas por los situados aguas abajo (Uzbekistán, Turkmenistán y Kazajistán), que son pobres en electricidad, pero ricos en hidrocarburos; por lo tanto, existe mucho margen de colaboración entre ellos. Ya ha habido acuerdos bilaterales, aunque de momento no existe un mecanismo vinculante y eficaz entre todos.

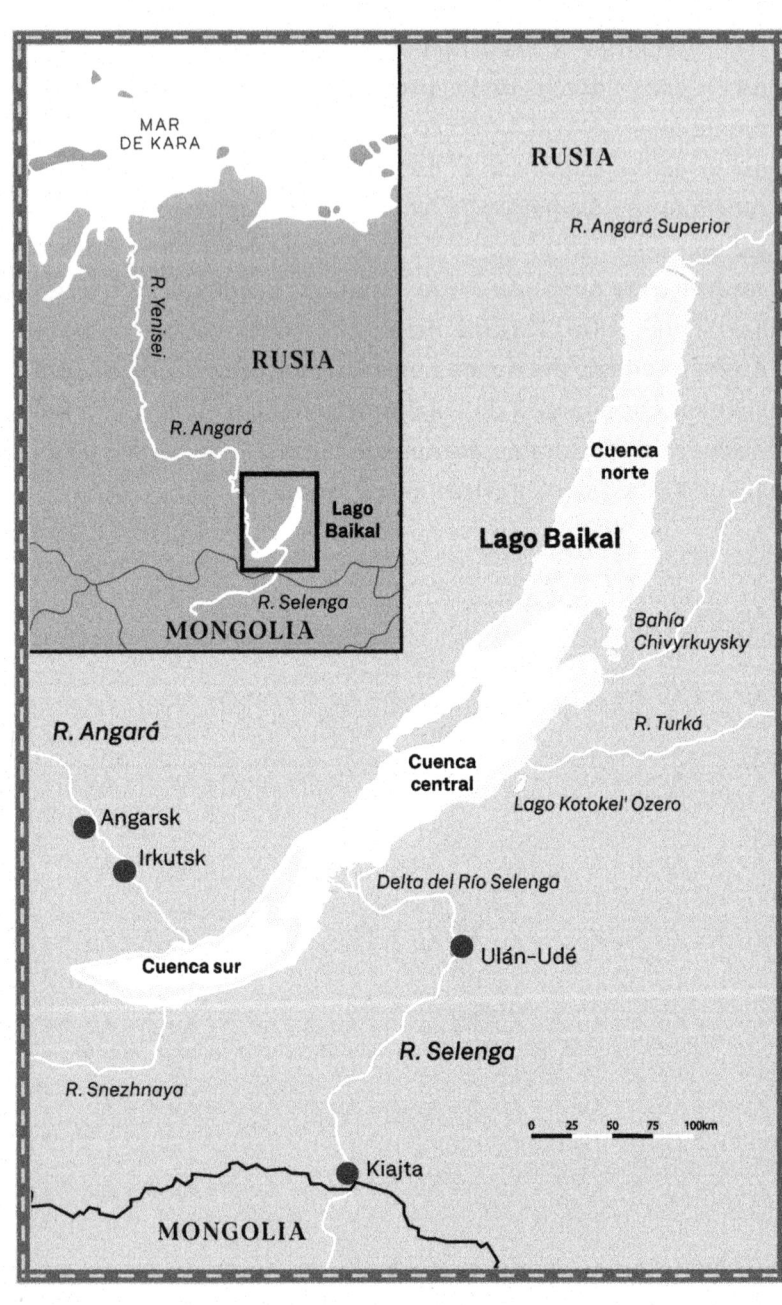

MAR
DE KARA

RUSIA

R. Yenisei

RUSIA

R. Angará

R. Angará Superior

Lago
Baikal

Cuenca
norte

Lago Baikal

R. Selenga

MONGOLIA

Bahía
Chivyrkuysky

R. Turká

R. Angará

Cuenca
central

Lago Kotokel' Ozero

Angarsk

Irkutsk

Delta del Río Selenga

Ulán-Udé

Cuenca sur

R. Selenga

R. Snezhnaya

0   25   50   75   100km

Kiajta

MONGOLIA

12

El Baikal, tan puro como conflictivo

SITUADO AL SUR DE LA REGIÓN RUSA DE SIBERIA, el Baikal
es un enorme lago (de los más antiguos del mundo) que ocupa
una fosa tectónica con 636 kilómetros de largo, 80 kilómetros
de anchura máxima y una profundidad de casi 1.700 metros.
Su superficie es de 31.500 km², lo que lo convierte en el más
extenso de agua dulce de Asia, y alberga unos 23.600 km³ de
agua, es decir, el 20% del agua dulce no congelada del planeta.

Se trata de una masa de agua inmensa y única en el planeta, con un enorme valor ambiental. Entre sus particularidades
hay que destacar su gran transparencia y su enorme biodiversidad, pues alberga 1.085 especies de plantas y 1.550 especies
y variedades de animales. Más del 80% de los animales son
endémicos (de distribución exclusiva en este lugar), como la
foca del Baikal (*Pusa sibirica*).

Cuenta con numerosas islas de pequeño tamaño que también conforman ecosistemas singulares. Su enorme profundidad explica que se conozca muy poco del fondo, las posibles
especies que habitan y la geomorfología del mismo, aunque se
ha alcanzado en alguna ocasión con batiscafos.

Es un lago considerado sagrado por algunos de los pueblos de su entorno, a los que abastece de abundante pescado incluso en invierno, cuando está cubierto por una gruesa capa de hielo.

El principal problema que encontramos en la zona es la contaminación, procedente principalmente de dos puntos. El primero de ellos es la papelera del Baikal, situada en la costa sur. Fue inaugurada en 1966, en pleno desarrollismo de la época comunista, lo que provocó un incipiente movimiento en contra de las élites cultas más alejadas de la ortodoxia del Partido Comunista y conocedoras del valor ambiental y la singularidad del lago. En octubre de 2008 fue cerrada por no cumplir con las normas ambientales y por la falta de rentabilidad, pero se reabrió en 2010 con el argumento de que es la base del empleo en la región, pues da trabajo a unas 17.000 personas. En diciembre de 2013 cerró definitivamente. En sus periodos de funcionamiento ha blanqueado el papel con cloro y se calcula que ha vertido al lago más de 6 millones de toneladas de residuos contaminantes.

El segundo de los puntos contaminantes procede de los proyectos hidroeléctricos en el río Selengá, que llega a la costa meridional del lago. Nace en el norte de Mongolia, donde se desarrolla su curso alto y medio, y cuando desemboca en el Baikal, ya en territorio ruso, ha superado los 1.000 kilómetros de longitud. Su cuenca casi alcanza medio millón de kilómetros cuadrados, la mayoría en Mongolia. Su caudal medio supera los 900 m^3/s, con mínimos en invierno (periodo en el que está congelado) y máximos en agosto. En la parte mongola de la cuenca está aumentando la ganadería intensiva y especialmente la minería, cuyos residuos son vertidos a los ríos de la misma y terminan llegando al Baikal. También la ciudad rusa de Ulán-Udé, con casi medio millón de habitantes, cuenta con un sistema de depuración anticuado, aunque está en proceso de mejora. Se han detectado concentraciones significativas de contaminantes vertidos al río antes de su desembocadura en el lago.

Mongolia tiene intención de desarrollar proyectos hidroeléctricos en su sector de la cuenca del Selengá para disminuir su dependencia energética de sus poderosos vecinos, Rusia y China, lo que provoca recelo en el primero, que teme una disminución del aporte del río al lago y, por lo tanto, de este a su salida natural, el río Angara, afluente del Yeniséi.

Mongolia argumenta que tiene derecho a utilizar sus recursos para generar electricidad y ser más autónoma energéticamente, lo que le facilitaría el desarrollo de su industria. Rusia, por su parte, teme las consecuencias de estos proyectos, pero no se muestra tan sensible con la contaminación que se ha generado y se sigue generando en su territorio.

Actualmente hay acuerdos de cooperación entre los dos países, pero no hay un mecanismo efectivo de control que obligue a evaluar los impactos transfronterizos en este lugar tan sensible.

La presión internacional, desde la Unesco y organizaciones ambientalistas, ha sido importante, pues las características geológicas y ambientales del lago lo hacen único.

CANADÁ

ESTADOS UNIDOS

Río Colorado

Río Bravo

Cuenca del Tijuana

Los Grandes Lagos: Superior, Míchigan, Hurón, Erie y Ontario

Ríos Usumacinta y Hondo comparten cuencas en Belice

Cuencas compartidas entre México y Guatemala: ríos Suchiate, Coatán, Grijalva y Usumacinta

VENEZUELA

COLOMBIA

Cuenca del Orinoco: Venezuela, Colombia y Brasil

Cuenca del Amazonas

BOLIVIA

BRASIL

Presas Jirau y Santo Antônio

CHILE

Cuenca del Lauca

13

¿Y en América?
¿Allí no hay conflictos por el agua?

AMÉRICA ES UN GRAN CONTINENTE en el que vive aproximadamente el 14% de la población mundial y cuenta con el 32% de los recursos hídricos. Existen 77 cuencas hidrográficas compartidas (38 en América del Sur y 39 en América del Norte y América Central). En el momento actual no existen grandes conflictos por el agua, pero sí que se detectan tensiones en lugares concretos, con frecuencia enmarcadas en una conflictividad más compleja entre las naciones afectadas.

Empezaremos con el caso que afecta a Estados Unidos y Canadá. Ambos países cuentan con enormes recursos hídricos. Canadá tiene una población muy escasa, concentrada en el sur, mientras que Estados Unidos está mucho más poblado y su economía es muy potente y demandante de recursos. A pesar de contar con abundante agua en su conjunto, toda la zona del sudoeste del país sufre estrés hídrico como consecuencia de la aridez del clima. Ambos países cuentan con una enorme frontera común y en general las relaciones son buenas, aunque últimamente han empeorado. Comparten unos

150 ríos y lagos transfronterizos, incluyendo el conjunto de los grandes lagos en la zona occidental, el conjunto lacustre de mayor superficie del planeta y una gran reserva de agua dulce que desagua al Atlántico a través del río San Lorenzo por territorio canadiense.

Estados Unidos en numerosas ocasiones ha solicitado a Canadá transferir recursos hídricos hacia su territorio para paliar el estrés, que se puede convertir en escasez, de los estados del sudoeste. No obstante, las ofertas de compra de agua estadounidenses siempre han sido rechazadas por la parte canadiense, aduciendo una oposición popular y problemas de creciente contaminación, que se acentuarían si se produjeran dichas transferencias. De momento, las presiones estadounidenses no han doblegado la negativa canadiense, lo que genera cierta tensión entre ambos países.

Por lo que respecta a Estados Unidos y México, ambos países comparten dos grandes cuencas, la del Colorado y el río Bravo (antes río Grande) y la pequeña cuenca del Tijuana.

El Colorado tiene unos 2.700 kilómetros de longitud y su cuenca alcanza casi 650.000 km², de los cuales el 99,4% están en Estados Unidos y solo su tramo final, hasta la desembocadura en el golfo de California, están en México. Su gestión internacional se regula por el Tratado de Aguas de 1944 que establece que México debe recibir 1.850 millones de metros cúbicos de caudal. Estados Unidos también tiene una distribución establecida entre los diferentes estados de su cuenca, en los que la presión sobre el recurso hídrico y la competencia por el agua entre usuarios diferentes —en una zona, en general, de clima árido— son crecientes.

En situaciones de sequía importante, México ha aceptado recibir menos agua de la estipulada a cambio de algunos beneficios, y en ocasiones protesta por la baja calidad de las aguas que llegan a su territorio, con una elevada salinización y restos de contaminantes de procedencia agrícola. En general se puede considerar que las tensiones se resuelven de forma bastante satisfactoria dentro de los marcos de cooperación establecidos, aunque pueden aumentar en el futuro si se siguen incrementando las demandas de agua en la cuenca.

El río Bravo tiene casi 2.900 kilómetros de longitud y su cuenca cuenta con unos 445.000 km^2 distribuidos casi al 50% entre ambos países.

El reparto de sus aguas también está regulado por el mencionado Tratado de Aguas de 1944, que obliga a México a entregar al río desde sus afluentes que llegan por la margen derecha unos 431 millones de metros cúbicos al año a cambio de recibir los mencionados caudales del río Colorado. Durante algunos años, el país centroamericano no ha sido capaz de cumplir el acuerdo por sequías que han afectado a su zona norte. En esos casos hay reclamaciones oficiales de Estados Unidos, especialmente desde Texas, donde utilizan el agua del río para el regadío. En México se produce un aumento de la demanda de agua para la agricultura y para el abastecimiento de núcleos urbanos como Laredo o Ciudad Juárez. Algunos estados mexicanos se han negado a soltar agua de sus presas para cumplir el Tratado, lo que ha generado también tensiones internas en el país.

En general, la situación es algo más tensa que en la cuenca del Colorado, pero la Comisión Internacional de Límites y Aguas media en la situación, y se suele llegar a acuerdos temporales.

En América Central también hay cuencas compartidas, cuatro entre México y Guatemala y dos entre México, Guatemala y Belice. De momento no se aprecian tensiones reseñables, aunque la falta de un acuerdo internacional para su gestión puede complicar la situación en el futuro si no se soluciona la carencia.

En Sudamérica se dan circunstancias hidrográficas muy especiales, con redes fluviales de gran tamaño y aportaciones compartidas por numerosos países. De norte a sur podemos destacar fundamentalmente tres casos:

- Cuenca del Orinoco. Con más de 920.000 km^2 de extensión, su río principal tiene unos 2.800 kilómetros y un caudal muy abundante (unos 33.000 m^3 de media), que lo convierte en el segundo más caudaloso de Sudamérica. Su cuenca —repartida entre Venezuela, Colombia y Brasil— dispone de una enorme biodiversidad y presenta una curiosidad hidrográfica, pues en la parte media se divide en dos, y una de sus ramas, el canal Casiquiare, va al río Negro, afluente del Amazonas, conectando así ambas cuencas, por lo que lo más correcto es hablar de la cuenca orinoco-amazónica. Por el momento, no hay tensiones destacables, aunque tampoco hay un acuerdo internacional de gestión.
- Cuenca del Amazonas. Considerada como un ejemplo de cooperación internacional en el capítulo correspondiente, aunque debemos señalar aquí las tensiones habidas entre Bolivia y Brasil por la construcción de este último país de dos presas en el río Madeira (Santo Antonio y Jirau), uno de los principales afluentes del Amazonas por su margen derecha.
- Cuenca del Lauca. Se trata de un pequeño río de 255 kilómetros que nace en Chile a unos 4.300 metros de altura y desemboca en el salar de Coipasa, en Bolivia. Pertenece,

por lo tanto, a la cuenca del sistema endorreico TDPS del que se hablará en los ejemplos de cooperación, pero en este caso sí que hay conflicto. Su cuenca abarca unos 6.000 km², de los cuales el 37% están en Chile y el resto en Bolivia. El conflicto tiene su origen cuando en 1962 Chile construyó un canal para desviar parte de sus aguas y conducirlas a regadíos del valle de Azapa, aprovechando también el salto orográfico para generar electricidad. Esta modificación se hizo sin consultar a Bolivia, lo que generó un conflicto político que está sin resolver y que hay que enmarcarlo en la disputa territorial entre ambos países.

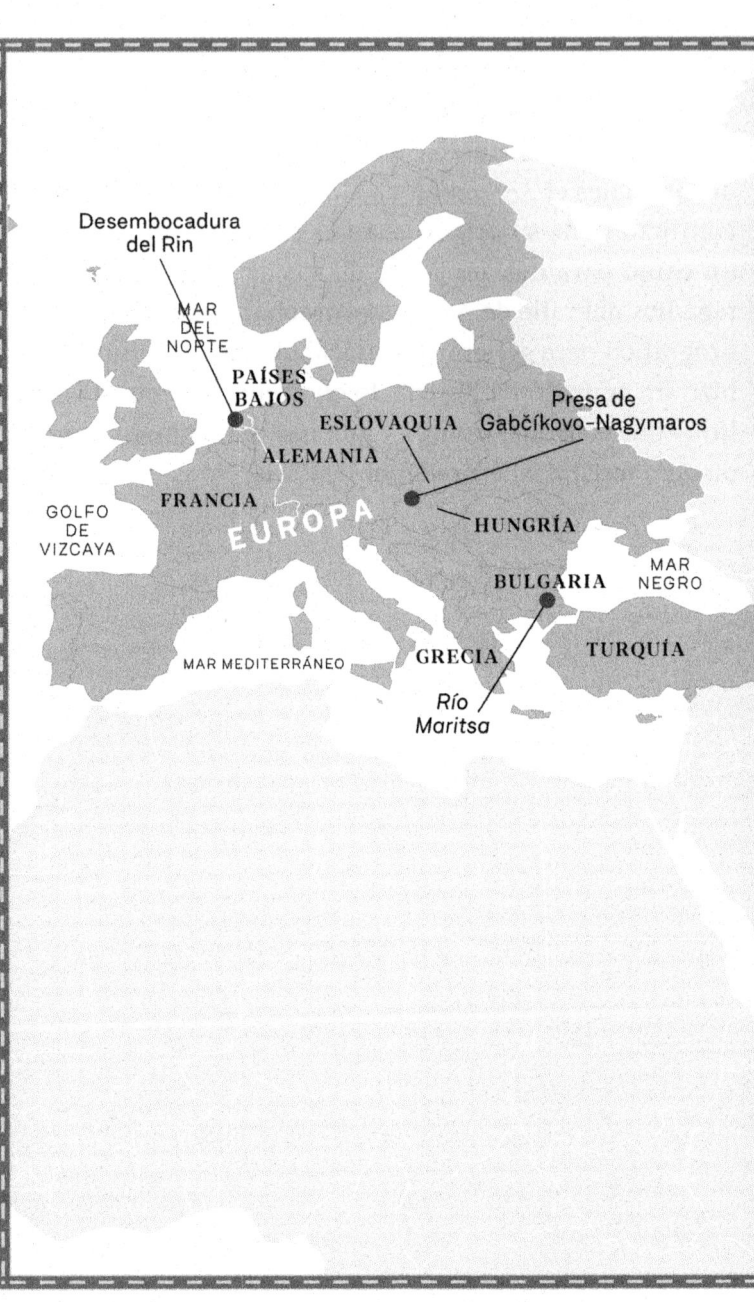

Desembocadura
del Rin

MAR
DEL
NORTE

PAÍSES
BAJOS

ESLOVAQUIA

Presa de
Gabčíkovo-Nagymaros

ALEMANIA

GOLFO
DE
VIZCAYA

FRANCIA

EUROPA

HUNGRÍA

MAR
NEGRO

BULGARIA

MAR MEDITERRÁNEO

GRECIA

TURQUÍA

Río
Maritsa

14

La Vieja Europa

EUROPA HA SIDO ESCENARIO de numerosos conflictos de todo tipo, y el del agua no ha sido una excepción. No obstante, en la actualidad no existe una conflictividad muy intensa por los recursos hídricos, aunque sí podemos mencionar tres focos principales de tensión.

Empezaremos por la presa de Gabčíkovo-Nagymaros. Tiene su origen en 1977, cuando Hungría y la entonces Checoslovaquia, países ambos comunistas, aliados y miembros del Pacto de Varsovia, firmaron un tratado para construir un sistema compuesto por la presa de Gabčíkovo en la entonces Checoslovaquia, la de Nagymaros en Hungría y unas canalizaciones en el río Danubio. Este sistema tenía como objetivo producir energía eléctrica de forma conjunta, mejorar la navegabilidad del Danubio y ayudar a controlar las inundaciones. En 1989, con la caída del muro de Berlín, Hungría, ya sin un gobierno comunista, suspendió las obras de la presa situada en su territorio alegando fuertes impactos ambientales y un descenso del nivel del freático, a lo que se unió una intensa oposición ciudadana. En 1991, Checoslovaquia decidió seguir con el proyecto, construyendo un canal derivado que desvió el curso del Danubio hacia su territorio, para completar el sistema de Gabčíkovo sin Hungría. Cuando Eslovaquia se independizó en 1993, continuó con el proyecto, lo que redujo los caudales del Danubio en el tramo húngaro. Surgieron así dos contenciosos: una demanda de Eslovaquia a Hungría, después de que esta rescindiera unilateralmente un convenio bilateral, y otra de Hungría contra Eslovaquia, después de que este país desviara las aguas de un río que hace frontera entre ambos estados, alterando unilateralmente la frontera internacional (Sánchez Sánchez, 1995).

Tanto Hungría como Eslovaquia apelaron al Tribunal Internacional de Justicia de La Haya, que en 1997 emitió una sentencia equilibrada con varios puntos fundamentales:

- Ambos países violaron el acuerdo de 1977, Hungría por retirarse unilateralmente y Eslovaquia por desviar las aguas del Danubio sin acuerdo.
- El Tratado sigue siendo jurídicamente válido, aunque debe adaptarse a las nuevas circunstancias tras la independencia de Eslovaquia.
- Se ordena a ambos estados negociar una solución conjunta para compartir beneficios y mitigar impactos.

Cabe decir que la cuenca del Danubio comparte territorio de 19 países (Alemania, Austria, Eslovaquia, Hungría, Croacia, Serbia, Rumanía, Bulgaria, Moldavia, Ucrania, Bosnia-Herzegovina, Eslovenia, Montenegro, República Checa con territorio significativo, además de una pequeña superficie en Italia, Polonia, Macedonia del Norte, Suiza y Albania). Esta complejísima situación política la convierte en la cuenca hidrográfica más internacional del mundo, a pesar de no ser de las más extensas. Desde 1994 funciona la Comisión Internacional para la Protección del Danubio, con sede en Viena, compuesta por los catorce países mencionados con territorio significativo en la misma. Los otros cinco, con pequeñas superficies, son observadores y pueden colaborar en proyectos concretos, pero no son miembros de pleno derecho. La Unión Europea también es firmante y parte activa. Sus principales funciones son implementar la Directiva Marco del Agua y la de Inundaciones, elaborar el Plan de Gestión de la Cuenca (actualizado cada seis años), desarrollar diferentes proyectos conjuntos y favorecer el diálogo y la cooperación entre los estados miembros.

La situación actual es que la central de Gabčíkovo está operativa y genera energía en Eslovaquia, pero la presa de Nagymaros no se ha construido. Se ha llegado a algunos acuerdos técnicos parciales, pero no existe una solución política completa. Eslovaquia desea compensación por la inversión y la energía conjunta que el acuerdo establecía y que no se ha llegado a generar. Hungría, por su parte, exige una restauración ambiental en su tramo del Danubio.

El conflicto se ha suavizado diplomáticamente, pero el litigio sigue abierto.

El segundo foco de tensión europeo lo tenemos en el río Maritsa, que afecta a Turquía con Bulgaria y Grecia. Esta corriente fluvial de 460 kilómetros, también llamada río Evros, nace al sur de Bulgaria y en su tramo bajo hace de frontera natural durante unos 200 kilómetros entre Grecia y la parte europea de Turquía.

El curso del río Maritsa es bastante dinámico, y su cauce varía debido a fenómenos naturales (erosión, inundaciones, etc.), lo que ha generado disputas por la ubicación exacta de la frontera. Se trata de algo relativamente frecuente cuando un río es frontera natural entre dos unidades administrativas (ya sea estados, provincias o incluso términos municipales). Si su curso cambia, ¿cambia también el límite o se mantiene el del momento en el que se fijó? En algunos tratados fronterizos se contempla esta circunstancia, pero en otros no, y tampoco se suele hacer si se trata de otras entidades administrativas, lo que suele generar distintas interpretaciones y fricciones.

En 2020 hubo una disputa diplomática cuando fuerzas griegas y turcas se encontraron en un área donde el río había cambiado su cauce, creando confusión sobre la soberanía del territorio. Grecia acusa a Turquía de haber construido infraestructuras que modifican el caudal del río, pero esta tensión hay que enmarcarla en las siempre difíciles y tensas relaciones entre los dos países, envenenadas no solo por este conflicto, sino por la cuestión de Chipre, las aguas territoriales en el Egeo e incluso la soberanía sobre algunas pequeñas islas de este mar.

El tercer conflicto que queremos destacar, aunque ya se considera superado, corresponde a algunas tensiones entre los Países Bajos, donde desemboca el Rin, formando un complejo delta de numerosos brazos, y los países de aguas arriba de la cuenca. Países Bajos acusaba a Francia y a Alemania de verter contaminantes industriales que deterioraban la calidad de las aguas. No era un tema de disputas por los caudales, pues la cuenca del Rin no plantea problemas de escasez ni de fuertes conflictos entre usuarios; además, los países mencionados son bastante ricos en recursos hídricos (especialmente, Países Bajos y Francia).

Las tensiones por la calidad del agua fueron progresivamente superadas y todos los países de la cuenca del Rin, excepto Suiza, donde nace el río, forman parte de la Unión Europea, por lo que tienen la obligación de implementar la Directiva Marco del Agua.

Tercera parte

Los futuros del agua

15

El agua como un importante elemento de cooperación

LA ENORME TRASCENDENCIA QUE TIENE EL AGUA para casi todos los aspectos de la vida hace que sea un potente elemento de cooperación. Dejar a alguien sin agua significa cercenar sus posibilidades de desarrollo, de mejora y, en casos extremos, incluso de vivir. Por ello, son numerosos los casos en los que los usuarios, los pueblos y los estados se ponen de acuerdo en un uso de este recurso que sea satisfactorio y aceptable para todos.

Esta cooperación no es sencilla y debe incluir muchos aspectos sobre los que llegar a un acuerdo, como por ejemplo:

- La cantidad de caudales y el reparto de estos a lo largo del año, de forma que se puedan satisfacer las demandas de todas las partes de manera constante.
- La calidad de los caudales debe ser la suficiente para permitir los diferentes usos en función de las distintas exigencias.

224 | LOS FUTUROS DEL AGUA

- Es preciso garantizar el mantenimiento de los ecosistemas fluviales, especialmente los de más valor, desarrollados a lo largo del eje fluvial, así como las zonas húmedas.
- Hay que incorporar a la cooperación el mantenimiento de los niveles adecuados en los ecosistemas compartidos, muchos de ellos interconectados con las corrientes superficiales.
- Debe establecer sistemas adecuados de gobernanza de las aguas y de intercambio de información y datos.
- Debe proteger razonablemente a los ciudadanos y usuarios de eventos extremos, como las riadas y las consecuentes inundaciones, los efectos de sequías prolongadas, etc.

Los tratados internacionales son instrumentos jurídicos muy útiles para regular la gestión de cuencas compartidas y obligar a los países a cumplirlos o a modificarlos de manera negociada. Su calidad o equidad es muy variable, pero siempre significan que los estados implicados se han sentado a negociar y poner sobre la mesa sus diferentes intereses con intención de llegar a un acuerdo, reduciendo así la posibilidad de un conflicto. Por el contrario, las cuencas compartidas que carecen de tratados son espacios más favorables para la generación de conflictos.

Hoy en día, casi todas las cuencas compartidas del mundo cuentan con uno o varios tratados de cooperación (Crespo, 2017), pero también es necesario tener en cuenta que los contextos geopolíticos y sociales cambian con relativa rapidez, lo que puede conllevar una posible desestabilización del marco de acuerdo, como ya se vio en su momento en el caso del Nilo y en otros ejemplos que trataremos a continuación.

Entre los muchos acuerdos de gestión de las cuencas compartidas, vamos a destacar algunos que nos tocan más de

cerca por haber sido firmados entre países ibéricos o ibe-
roamericanos.

Cuenca del lago Titicaca

Lo hemos elegido en primer lugar porque es un ejemplo de
cómo la evolución política y social de la zona está debilitando
el marco de acuerdo existente y creando importantes incertidumbres.

La del Titicaca es una enorme cuenca endorreica situada
dentro de la cordillera de los Andes de casi 144.000 km² repartidos entre Perú (11%), Bolivia (88%) y Chile (1%), a la que
con frecuencia se denomina Sistema TDPS (Titicaca-río Des-
aguadero-lago Poopó-salar de Coipasa). En él, un conjunto de
ríos tributarios alimentan el lago Titicaca, situado a 3.800 metros sobre el nivel del mar, lo que lo convierte en el lago nave-
gable más alto del mundo. Las aguas sobrantes salen por el río
Desaguadero por su flanco sur, que a su vez recibe aportación
de numerosos afluentes con altas concentraciones salinas. Dicho río llega al lago Poopó, de elevada concentración salina.
Sus escasos excedentes son drenados por el río Laca Jahuira,
que llega al salar de Coipasa, donde las aguas se evaporan.
Este salar, situado a unos 3.650 metros sobre el nivel del mar,
es el punto localizado a menor altura del sistema endorreico.

En 1996, Perú y Bolivia crearon la Autoridad Binacional del
Lago Titicaca (ALT), que establecía que ningún país puede hacer extracciones de agua sin el acuerdo del otro. Este organismo intenta asegurar el futuro del lago y evitar otro caso similar al del mar de Aral, pues en la segunda mitad del siglo XX se
realizaron numerosos proyectos de aprovechamiento de las
aguas del lago y de sus afluentes para incrementar la superfi-

cie de regadío, pero con poco conocimiento del funcionamiento hidrológico del mismo y de su fragilidad.

Aunque el marco de cooperación se considera adecuado, la cuenca da síntomas de desestabilización, pues han aumentado las extracciones de agua de los cursos naturales para el regadío (el clima del altiplano es bastante árido en esta zona) y para el abastecimiento de la población. También se han incrementado las demandas para actividades mineras, que suponen una pérdida de calidad por la contaminación con metales pesados, lo que en ocasiones deja inservibles importantes cantidades de agua para ciertos usos. También se detectan descargas de aguas residuales con escasa o nula depuración que provocan problemas de contaminación, acrecentadas en zonas frías como el altiplano debido a que los procesos de depuración natural son más lentos. Un síntoma de los problemas señalados es que el lago Poopó se secó en 2015, aunque al año siguiente recuperó parte de su lámina de agua.

En este contexto cambiante, la ALT da claros síntomas de debilidad institucional, algo habitual en muchos países de Iberoamérica, debido a una falta de financiación y coordinación, al cumplimiento limitado de los acuerdos por ambas partes, especialmente en lo relativo a la calidad ambiental, y a la falta de claridad en cuanto a competencias respecto a las autoridades locales y nacionales. Por este motivo, aunque a fecha de hoy lo consideramos como un ejemplo de cooperación, no es descartable que a medio plazo se intensifiquen las tensiones.

Cuenca del río Lempa

Aunque compartida por Guatemala, Honduras y El Salvador, más del 50% de la cuenca se localiza en territorio salvadoreño, país que tiene una mayor dependencia de sus aguas que los otros dos (Crespo, 2017). Se han observado en ella procesos de degradación ambiental, especialmente por deforestación. En 1997, los tres países firmaron el Plan Trifinio de cooperación, un ejemplo de colaboración que desactiva hoy por hoy la conflictividad.

Cuenca del Sixaola

Desde 1992 está en vigor el Convenio de Cooperación (llamado «para el desarrollo fronterizo») entre Costa Rica y Panamá, que cuenta con una Comisión Binacional permanente como órgano decisorio, además de subcomisiones específicas.

Cuenca del Amazonas

Por su tamaño, sus características únicas y su simbología, casi todas las cifras en este caso son desmesuradas. Se discute si es el río más largo del mundo, pues depende de dónde se considere el nacimiento (dato muchas veces complicado de establecer), este honor le corresponde al Amazonas o al Nilo. Si se considera al río Mantaro (Perú) como el origen del Amazonas, su longitud alcanza los 7.060 kilómetros, superando claramente al Nilo. Lo que sí está claro es que se trata del más caudaloso del planeta en desembocadura. Aporta sus aguas al Atlántico en el nordeste de Brasil, generando un complejo sistema de islas y ríos tributarios; entre las primeras destaca la isla de Marajó, de unos 40.000 km^2 (más grande que Bélgica). En su desembocadura, el caudal medio supera los 200.000 m^3/s, pero en época de lluvias alcanza los 300.000 m^3/s. Supone aproximadamente el 20% del agua dulce que desemboca en todos los océanos del mundo.

Su cuenca abarca unos 7 millones de kilómetros cuadrados y se extiende por territorios de Perú, Brasil (60% de la misma), Colombia, Bolivia, Ecuador, Venezuela (donde se produce la conexión con el Orinoco ya comentada), Guyana, Surinam y el territorio de la Guayana Francesa. Cuenta con afluentes que por sí solos son verdaderos gigantes, como el río Negro (por la margen izquierda) o el Madeira (por la derecha).

La cuenca presenta un clima ecuatorial a lo largo del eje del río, con lluvias abundantes y bastante bien repartidas a lo largo del año, mientras que en los extremos norte y, especialmente, sur, el clima es de tipo tropical, también con lluvias abundantes, pero más concentradas en la estación lluviosa (verano) y más escasas en la seca. El resultado es que la cuenca en su conjunto recibe lluvias muy abundantes y bien repartidas a lo largo del año, lo que explica los enormes recursos hídricos con los que cuenta. Esta climatología además permite el desarrollo de selvas ecuatoriales y bosques tropicales de gran densidad y enorme biodiversidad, por lo que se la considera una de las mayores reservas de especies animales y vegetales del planeta y tiene un importante papel en la regulación del clima y del ciclo del agua.

Desde 1978 está en vigor el Tratado de Cooperación Amazónica, actualmente firmado por todos los países de la cuenca excepto Francia. Su objetivo es promover su desarrollo armónico y sostenible, asegurando la conservación del medio ambiente y el uso racional de sus recursos naturales, en beneficio de sus pueblos y del equilibrio ecológico global. En 1998, los países firmantes crearon la Organización del Tratado de Cooperación Amazónica para implementarlo, con sede en Brasilia. Los objetivos más importantes de cooperación son la lucha contra la deforestación y la protección de la biodiversidad, la gestión de los recursos hídricos compartidos, la cooperación científica y tecnológica, la defensa de los pueblos indígenas y el seguimiento del cambio climático.

En conjunto, también lo podemos considerar un espacio estable en lo que se refiere a conflictividad, pero no está libre de algunas tensiones, como la ya mencionada construcción por parte de Brasil de las presas de Santo Antonio y Jirau en el río Madeira. Dicho afluente procede de territorio boliviano, y Brasil propuso la construcción de otras dos presas en su territorio, lo cual Bolivia rechazó. Ambas presas son salvadas mediante esclusas, aunque la navegabilidad del río en su tramo alto (un anhelo de Bolivia para tener un acceso al mar, aunque sea por vía fluvial) es complicada debido a los rápidos de origen natural y a las fuertes variaciones del caudal en función de las lluvias. Brasil siguió con sus planes de construcción de las presas que actualmente están ya en funcionamiento.

Convenio de Albufeira

España y Portugal comparten las cuencas de cinco ríos: el Miño (su último tramo hace de frontera entre los dos países); el Limia, que nace en la provincia de Orense, y con un marcado sentido nordeste-sudoeste desemboca en Viana do Castelo (Portugal); el Duero, que desde los sorianos picos de Urbión se dirige hacia el oeste hasta desembocar en Oporto, haciendo de frontera entre ambos países en las provincias españolas de Zamora y Salamanca, donde abre un imponente cañón conocido como los Arribes; el Tajo, que desde las sierras turolenses se dirige también hacia el oeste hasta desembocar formando un amplio estuario, el mar de la Paja, junto al que se localiza Lisboa, por lo que es el río de mayor longitud de la península

Ibérica (la frontera se sitúa en la provincia de Cáceres), y el Guadiana, que desde las lagunas de Ruidera llega hasta Ayamonte, sirviendo de frontera en las provincias de Badajoz y Huelva.

La geografía hace que en todos los casos sea España la que controle los tramos altos y medios de los cinco ríos, por lo que podemos considerar a nuestro país como potencialmente hidrodominante, pero en general prevalecen las buenas relaciones entre ambos estados, no exentas de algunas diferencias.

La cooperación entre España y Portugal se remonta a 1864, con la firma de un tratado internacional que fijaba las fronteras fluviales mencionadas, aunque en 1926 se completó con el Convenio de Lisboa. En 1927 se rubricó un convenio para regular el aprovechamiento hidroeléctrico del tramo internacional del río Duero, que contiene un acuerdo sobre cómo compartir el enorme potencial en este tramo del río, pues por entonces ambos países contaban con ambiciosos programas de producción de energía hidroeléctrica. Posteriormente, en 1968, bajo los regímenes de Salazar en Portugal y Franco en España, se firmó el convenio para regular el uso y el aprovechamiento hidráulico de los tramos internacionales de los ríos Miño, Limia, Tajo, Guadiana y Chanza (afluente del Guadiana). Dicho acuerdo establecía la comisión bilateral para regular el uso y el aprovechamiento de las zonas fronterizas de los ríos internacionales, que se convirtió en la Comisión Internacional Hispano-Portuguesa. Gracias a este tratado, en el tramo fronterizo del Duero existen cinco explotaciones hidroeléctricas gestionadas de forma bilateral por empresas españolas o portuguesas. Una de ellas es Aldeadávila, clave en el sistema eléctrico español debido a la gran potencia instalada (más de 1.200 MW entre sus dos saltos). Técnicamente, fue un

enorme logro de la ingeniería española y sus dos grandes turbinas están preparadas para entrar en funcionamiento en pocos minutos, por lo que puede aportar la llamada «energía de
regulación» o «de respaldo», necesaria para cubrir picos de
demanda y estabilizar el sistema, lo que es vital en un sistema
con alta participación de fuentes inestables como la eólica o
la solar. De hecho, según la empresa que la gestiona, fue la
pieza clave que permitió recuperar el suministro tras el apa-
gón general del 28 de abril de 2025, ya que pudo arrancar desde el «cero eléctrico» sin energía externa, posibilitando así el
progresivo restablecimiento del suministro y la conexión con
Francia. En el tramo fronterizo del Tajo se construyó el embalse de Cedillo, con 500 MW de potencia instalada, el segundo
más potente del Tajo tras Alcántara. Por lo que respecta al
tramo fronterizo del Guadiana, no hay embalses, pero en territorio portugués se ha construido en el bajo Guadiana el embalse de Alqueva, el de mayor tamaño del país vecino, que
inunda también unos 33 km^2 de territorio español en la provincia de Badajoz.

Todos los convenios mencionados garantizaban el uso público de las cuencas compartidas, principalmente el hidroeléctrico, y permitían compartir el caudal de los tramos
internacionales mediante su regulación, pero no regulaban la
cuenca en su conjunto. Además, las aguas subterráneas quedaban fuera de su ámbito de aplicación. Por este motivo, el 30 de
noviembre de 1998 se firmó en la ciudad portuguesa de Albufeira el Convenio sobre Cooperación para la Protección y el
Aprovechamiento Sostenible de las Aguas de las Cuencas Hidrográficas Hispano-Portuguesas, que entró en vigor el 17 de
enero de 2000.

El Convenio de Albufeira define el marco de cooperación

entre las partes para la protección de las aguas continentales (superficiales y subterráneas) y de los ecosistemas acuáticos y terrestres directamente dependiente de ellos, y para el aprovechamiento sostenible de esos recursos hídricos en las cuencas compartidas, por lo que su ámbito de aplicación es mayor que los anteriores.

El convenio se elaboró mientras se negociaba lo que después sería la Directiva Marco del Agua (DMA), y como ambos países eran miembros de la Unión Europea, en caso de conflicto entre el convenio y la legislación comunitaria, prevalecería esta última. La DMA establece la demarcación hidrográfica como la unidad principal para la gestión del agua y obliga a los estados miembros que comparten una cuenca fluvial a incluirla en una demarcación hidrográfica internacional (DHI), así como a coordinar sus planes hidrológicos y sus programas de medidas para las DHI.

Asimismo, el Convenio de Albufeira establece una serie de compromisos y obligaciones, entre los que destacan:

- Intercambiar información, a través de la Comisión para la Aplicación y Desarrollo del Convenio (CADC), de forma regular y sistemática sobre aspectos como la gestión de las aguas de las cuencas hispano-portuguesas o las actividades que puedan causar impactos transfronterizos.
- Facilitar información pública sobre las materias incluidas en el convenio.
- Informar a la CADC de las acciones necesarias para la aplicación del convenio, incluido un informe anual sobre su evolución y aplicación.
- Consultas en el seno de la CADC sobre actividades que pudieran causar un impacto transfronterizo.

- Evaluar los proyectos y actividades que puedan causar un impacto transfronterizo y adoptar medidas adecuadas para aplicar los procedimientos de la evaluación de planes y programas a las actividades a las que se le aplica dicho convenio. Muchas de estas actividades ya han sido identificadas por la propia CADC.
- Adoptar medidas técnicas, jurídicas, administrativas para cumplir con los objetivos de la DMA y promover la investigación conjunta y la verificación del cumplimiento del convenio y su eficacia.
- Coordinar para cada cuenca hidrográfica los planes de gestión y los programas de medidas, generales o especiales, elaborados en términos de derecho comunitario.
- Establecer y/o perfeccionar sistemas conjuntos o coordinados de comunicación, alerta y emergencia.
- Desarrollar programas sobre seguridad de infraestructuras y evaluación de riesgos.

También se establecen distintas actuaciones para la protección del medio hídrico y el aprovechamiento sostenible de los recursos:

- Adoptar todas las medidas protectoras de la calidad de las aguas para cumplir con los objetivos ambientales de la DMA.
- Coordinar procedimientos para la prevención y el control de la contaminación de fuentes de emisiones puntuales y difusas.
- Proteger los recursos hídricos de las cuencas hispano-portuguesas incluyendo la prevención, la eliminación, la mitigación y el control de los impactos transfronterizos,

reconociendo el derecho mutuo de su aprovechamiento. Y todo ello de acuerdo con el principio de unidad de las cuencas.

• Respetar unos caudales mínimos. En este caso, como es lógico, España es la que en todos los casos de cuencas compartidas ha de respetar estos caudales, que en un principio se establecen en régimen provisional para después establecer un régimen de caudales permanentes. En el cálculo de los caudales mínimos se tiene en cuenta la precipitación y se realiza de forma específica para cada cuenca considerando sus características particulares. Así, por ejemplo, el Tajo en Cedillo (España) debe aportar al menos 2.700 hm³/a, y en Ponte Muge (Portugal), 4.000 hm³/a. Los caudales calculados no se aplican en los casos en los que la precipitación registrada en la cuenca correspondiente sea notablemente inferior a la media. Cada parte debe gestionar sus infraestructuras hidráulicas de manera que se garantice el cumplimiento de los caudales fijados. Cualquier captación de aguas, independientemente del uso y el destino geográfico de esas aguas, debe suponer el cumplimiento de los caudales, lo que supone una limitación a las cantidades transferidas en el trasvase Tajo-Segura, que capta las aguas de la cuenca alta del Tajo, afectando, por lo tanto, al caudal de este río internacional. Estos caudales no son inamovibles, y el Convenio de Albufeira establece ciertas circunstancias en las que se pueden revisar. En 2008 se firmó un protocolo adicional para mejorar los mecanismos de cooperación pensados especialmente para periodos de sequía.

En líneas generales, el Convenio de Albufeira ha funcionado bastante bien y no ha sido fuente de discrepancias graves entre ambos países, aunque a pesar de lo que establece, no se ha optado por realizar planes hidrológicos conjuntos en las cuencas compartidas.

Es cierto que en algún momento puntual Portugal se ha quejado de que España no ha dejado fluir el total de los caudales acordados, a lo que España ha respondido con el manido argumento del cambio climático, según el cual estaría provocando una disminución de las precipitaciones medias en nuestro país, algo que los datos no demuestran, al menos en su conjunto y después de revisar series largas, pues se observa una gran variabilidad, como corresponde con nuestro clima, en buena parte mediterráneo pero sin tendencia significativa de disminución, tal y como se aprecia en la siguiente imagen:

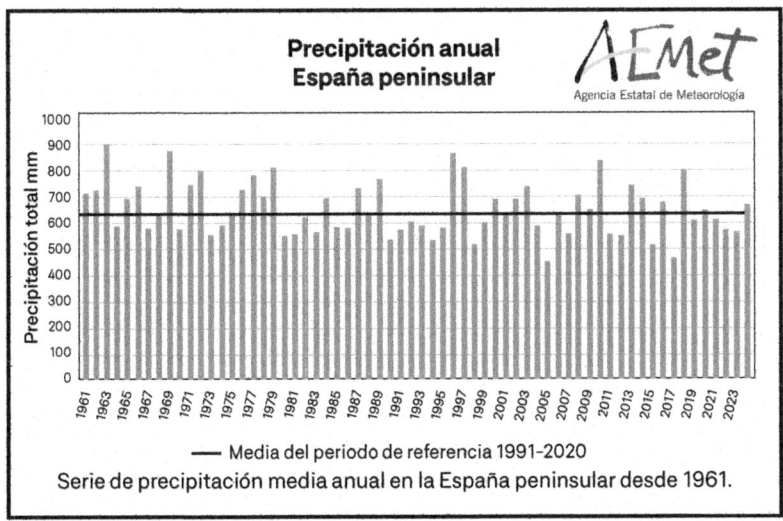

Fuente: Agencia Estatal de Meteorología.

No disponemos de datos para confirmar o rebatir las quejas de Portugal, pero quizá la subida de las temperaturas medias observadas en la península Ibérica en el último siglo y, por supuesto, el aumento de las demandas en los sectores españoles de las cuencas compartidas, estén influyendo en los caudales que alcanzan territorio portugués.

16

El futuro escenario hídrico

SIN DUDA LA SITUACIÓN ACTUAL ES COMPLEJA, y se prevé que en el futuro aumenten los focos de tensión relacionados con los recursos hídricos debido no a una escasez global, pero sí a situaciones de escasez regional o local causadas por diversos factores.

No queremos caer en un catastrofismo fácil del que tantos ejemplos hay últimamente en los medios y en diferentes publicaciones de todo tipo, ni tampoco vender apocalipsis que nunca llegan. En consecuencia, vamos a intentar hacer alguna previsión de futuro acompañada de alguna modesta propuesta, que en absoluto pretenden resolver la creciente problemática del agua en el planeta, pues tal y como refleja la frase atribuida a J. F. Kennedy, «quien resuelva el problema del agua merece dos premios Nobel, el de Ciencia y el de la Paz».

El lector habrá deducido de lo expuesto hasta el momento que actualmente no existe una conflictividad generalizada por el agua que lleve a la humanidad a un escenario apocalíptico de lucha agónica por este recurso. Sí que existen escenarios de creciente tensión vinculados en muchos casos a las crecientes demandas entre usuarios y, especialmente, al juego geopolítico y a la reconfiguración del poder que el mundo está viviendo durante la segunda década del siglo XXI.

Según la Unesco (2015), para la fecha de la publicación, los conflictos de alta intensidad relacionados con el agua en las cuencas transfronterizas eran escasos, y no existía ninguna guerra formal por este recurso. Sí que eran relativamente numerosas las hostilidades verbales, ya fueran oficiales o no oficiales, e incluso acciones diplomáticas o económicas hostiles. Por el contrario, sí que abundan los tratados internacionales de aguas y también los acuerdos de tipo económico, tecnológico e industrial que favorecen escenarios de cooperación, pues la naturaleza imprescindible del recurso los favorece.

A lo largo del siglo XXI se prevé una disminución de la cantidad de agua per cápita debido a varias razones, entre las cuales podemos destacar:

- El aumento de la población en muchas zonas del planeta, especialmente en los países en vías de desarrollo y subdesarrollados, sobre todo en el África subsahariana.
- Las mayores extracciones de agua para diferentes usos, especialmente para el regadío. El aumento de la superficie de riego directamente para alimentos o plantas forrajeras destinadas al ganado, alimentando así indirectamente a la población con el aporte de proteínas animales, muy probablemente continúe y se intensifique a lo largo de este siglo, pues se trata de una exitosa forma de luchar contra el hambre al aumentar la cantidad y la variedad de los productos, y también de cubrir la demanda de proteínas de origen animal que va asociada a la mejora del nivel de vida de las sociedades.

- La mejora en los abastecimientos de agua a los millones de personas que todavía no cuentan con él, algo también asociado a la erradicación de la pobreza extrema, en el incremento de la higiene y en la mejora de las condiciones de vida. Es cierto que un elevado porcentaje de las aguas de abastecimiento vuelven después de su uso a los cauces naturales, pero con frecuencia lo hacen en mal estado, pues los sistemas de depuración suelen considerarse menos prioritarios que los de potabilización, por lo que a corto y medio plazo se espera una pérdida de calidad en muchos tramos fluviales.
- Los cambios en las formas de vida, aumento del ocio, etc. Estos factores son intrínsecos a la mejora de la renta per cápita, y mayores niveles de desarrollo en los países en crecimiento. Muchas de las formas de vida asociadas al desarrollo implican directa o indirectamente más demanda de agua, desde la utilización de piscinas o parques acuáticos hasta el empleo generalizado de la inteligencia artificial.

Además del aumento de vertidos de origen urbano, se prevé un aumento de los residuos de origen industrial sin una adecuada depuración, especialmente en aquellas zonas en rápido crecimiento económico con intensas corrientes migratorias del campo a la ciudad y débiles infraestructuras. Este hecho puede sumarse a la disminución de caudales circulantes disponibles, ya señalada con anterioridad, lo que significaría una pérdida de calidad de las aguas superficiales, problemas de contaminación que pueden derivar en graves daños ambientales (sobre todo a la flora y la fauna del ecosistema fluvial), y en algunos casos dificultad o imposibilidad de utilizar las aguas para ciertos usos que exigen una alta calidad, como el abastecimiento a la población o el regadío.

Se intensificarán importantes procesos de transformación de los humedales como lagos, lagunas, zonas pantanosas, marismas, etc. Pueden ser directos (su utilización como fuente de agua para cubrir necesidades, transformación de su superficie y entorno para la urbanización, la agricultura o la ganadería) o indirectos, mediante la disminución de las aportaciones de ríos o acuíferos. Se espera que la eutrofización de las aguas superficiales y de las costeras aumente de forma generalizada.

Es muy probable —diríamos que inevitable— un aumento de la presión sobre los recursos hídricos subterráneos, sobre todo en las zonas áridas o semiáridas, en las que el agua superficial es escasa, especialmente si se produce un incremento de la población por crecimiento vegetativo o por migraciones. Esta presión favorecerá la intrusión salina en algunos acuíferos costeros.

Asimismo, es previsible un aumento de la conflictividad interna en algunos países por divergencias de intereses entre usuarios. La demanda cada vez mayor asociada al crecimiento del regadío, de los abastecimientos a la población, de los usos industriales, turísticos, energéticos, etc., puede conducir a una difícil convivencia entre ellos. Probablemente escalen las fricciones por pérdidas de calidad, pero también por incompatibilidades entre ellos. Por ejemplo, el aumento de la demanda para el regadío, al concentrarse en los meses más cálidos y secos, puede entrar en conflicto temporalmente con otras demandas más estables en el tiempo (abastecimientos a población o a la industria) o también concentradas en los mismos meses (las actividades lúdicas).

La necesidad de garantizar las demandas sociales de agua, mejorando así el nivel de vida, puede llevar a los estados a desarrollar grandes proyectos de regulación que sirvan para fines como el regadío o la generación de hidroelectricidad. El aumento de la regulación de los ríos tiene consecuencias ambientales importantes, y también socioeconómicas, como el traslado forzoso de población para la mejora de las condiciones de otra población situada a distancia, lo que puede desatar conflictos territoriales y sociales internos en los países entre los sectores perjudicados y los beneficiados.

Se pueden avivar o crear nuevos conflictos internacionales, especialmente en cuencas hidrográficas compartidas, sobre todo si no existe una adecuada cooperación en la gestión integral de los recursos entre los estados, tanto de la calidad como de la cantidad del recurso. La implementación de políticas de hidrohegemonía por parte de países que controlan la cabecera de cuencas compartidas puede desatar reacciones en los situados aguas abajo, lo que conlleva diferentes niveles de escalada de la tensión.

Ante estas previsibles situaciones, vamos a proponer algunas ideas para evitar que la situación empeore.

El aumento de extracciones de agua para el regadío debe ir precedido de estudios hidrológicos sobre el caudal, el régimen y la variabilidad de la corriente de la que se toma el agua. Las infraestructuras de almacenamiento y especialmente de distribución deben ser diseñadas y mantenidas evitando en lo posible las pérdidas por evaporación o infiltración. Las técnicas de regadío empleadas deben optimizar al máximo el recurso, evitando las prácticas más consuntivas, como el riego por inundación (salvo en los cultivos en los que sea estrictamente necesario), y es preciso emplear concesiones de agua ajustadas a lo necesario. Dado que el regadío es la actividad que más agua se demanda en el planeta, es prioritario concentrar los esfuerzos de ahorro y buena gestión del agua en este uso.

La mejora en los abastecimientos de agua a la población también debe ir acompañada de sistemas de ahorro y de campañas de sensibilización a la población, pero consideramos muy importante que se desarrollen sistemas de depuración adecuados para evitar o disminuir los problemas de contaminación. La reutilización de aguas depuradas para otros usos es una práctica muy adecuada complementaria a los sistemas de depuración.

Es necesario establecer medidas de protección de los humedales de más valor ambiental, con los adecuados estudios hidrológicos, inventarios de biodiversidad, etc., que permitan una gestión y una conservación adecuadas.

El previsible aumento de la presión sobre los acuíferos (el agua que no se ve pero que está) obliga a incrementar los estudios hidrogeológicos para cuantificar el volumen, el seguimiento de los niveles piezométricos, determinar la capacidad de extracción y, si es necesario, establecer perímetros de protección encaminados a evitar o disminuir su contaminación. En el caso de los acuíferos compartidos entre dos o más estados, es imprescindible la cooperación entre todos ellos mediante el intercambio de información y la creación de organismos conjuntos de gestión que, en la medida de lo posible, incluyan también las aguas superficiales. En el caso de los acuíferos costeros, la gestión debe ir encaminada a evitar la intrusión salina.

La conflictividad interna entre usuarios con intereses divergentes debe ser solucionada por los estados en los que se produzca mediante mecanismos de participación de las partes en conflicto, donde expongan sus necesidades y argumentos y se escuchen las unas a las otras. Los órganos administrativos estatales deben actuar de forma imparcial buscando en sus decisiones el bien común por encima de los intereses particulares. Muchos organismos de gestión de agua incorporan ya mecanismos de participación de este tipo, por lo que la experiencia ya existe para poder aplicarla adaptándola a las características de cada zona.

Los grandes proyectos hidráulicos, como la construcción de grandes presas para generar hidroelectricidad o aumentar la superficie de regadío, crean conflictos sociales y territoriales entre las comunidades perjudicadas y las afectadas. Los estados que realicen estas obras están obligados a tener en cuenta a ambos sectores y los colectivos perjudicados a recibir compensaciones por el daño causado. También es necesario incorporar en los proyectos medidas para minimizar el impacto ambiental en los ríos afectados.

El aumento de la conflictividad internacional por temas relacionados con el agua superficial tiene muchas posibles causas. Una de ellas es la mencionada construcción de obras hidráulicas, pero también la extracción de caudales para satisfacer diferentes demandas, la contaminación de ríos internacionales por vertidos de diferente tipo (agravada por la extracción de aguas), los distintos criterios de gestión de humedales compartidos, etc. Ya existen numerosos acuerdos de cooperación entre estados que comparten cuencas hidrográficas, pero es necesario profundizar aún más en esta línea. Asimismo, hay que llegar a acuerdos en las cuencas donde no existan y, si es preciso, revisar y renovar con criterios de mayor equidad los ya existentes. En estos casos, los intereses de los países que controlan las cuencas altas no deben imponerse sobre los demás, pero tampoco los de la cuenca baja deben hipotecar los usos de aguas arriba, pues, como ya se ha desarrollado a lo largo del libro, hay unos principios generales de uso compartido que deben respetarse. En cualquier caso, la gestión con escala de cuenca es esencial.

No obstante, en este punto nos encontramos con una situación problemática que dificulta el éxito de algunos de estos acuerdos, como es la fragilidad y la debilidad institucional de muchos países. Aunque los tratados internacionales obligan a las partes firmantes, muchos estados legalmente constituidos son en realidad estados fallidos o fuertemente fragmentados por diferentes causas (conflictos étnicos, religiosos, sociopolíticos, etc.). Esta situación los incapacita para controlar buena parte de su territorio, que por lo tanto queda al margen de la aplicación real de las normas jurídicas. En otros casos, aunque la realidad no es tan negativa, los estados adolecen de una debilidad institucional crónica que les impide aplicar con eficacia la legislación. Un estado sólido no solo ha de poder firmar acuerdos o tratados internacionales, sino que debe ser capaz de cumplirlos, y en los casos descritos anteriormente, más frecuentes sobre todo en el África subsahariana y el sudoeste de Asia, no lo son.

La fragilidad de los estados o su debilidad institucional es un grave problema que desborda la gestión de los recursos hídricos y que tiene consecuencias muy graves, como la desprotección de los ciudadanos, la inseguridad, la proliferación de actividades ilícitas desarrolladas por grupos insurgentes o el crimen organizado, entre otras. Por este motivo, consideramos que avanzar en su reforzamiento institucional es un paso obligado antes de implementar las medidas encaminadas a mejorar la gestión de los recursos hídricos tanto nacionales como compartidos con otros.

Sin duda, mejorar el acceso al agua de calidad y satisfacer las crecientes demandas para distintas necesidades, sin comprometer los enormes valores ambientales del medio hídrico, es uno de los principales retos a los que se enfrenta la humanidad a principios del siglo XXI. Contribuir a ello desde la modestia es el objetivo de la presente obra.

Bibliografía

AEMET, <https://www.aemet.es/es/conocermas/modificacion_artifi cial_tiempo> (consultado en agosto de 2024).

ALBALADEJO, C., «Hidropolítica de Asia Central: Kirguistán y Tayikis-tán», *Tarpán* (15 de enero de 2024), <https://tarpan.cl/articulos/ hidropolitica-de-asia-central-kirguistan-y-tayikistan/>.

ALLAN, J.; LEVIN, N.; JONES, K.; ABDULLAH, S.; HONGOH, J.; HERMOSO, V., *et al.*, «Navigating the complexities of coordinated conserva-tion along the river Nile», *Science Advances*, vol. 5 (abril de 2019), <https://advances.sciencemag.org/content/5/4/eaau7668>.

AÑOVER, A., «Así es la "Gran Barrera del Nilo"», *La Razón* (20 de fe-brero de 2024), <https://www.larazon.es/internacional/africa/asi-gran-barrera-nilo-como-etiopia-esta-construyendo-mayor-pole mica-presa-hidroelectrica-africa_2024012065abf7b0d8aa25000 1ce1499.html>.

BAÑOS, P., *El dominio mundial. Elementos del poder y claves geopo-líticas*, Barcelona, Ariel, 2019.

BARTHWAL DATTA, M., *Food Security in Asia: Policies and Implica-tions*, Routledge, 2014.

BLANCO DE LA TORRE, F., «Los recursos hídricos en el mundo: cuantificación y distribución», en *El agua: fuente de conflicto o cooperación, Cuadernos de estrategia*, n.º 186, 2017, pp. 21-70.

CARIUS, A., DABELKO, G. D., y WOLF, A. T., «Water, Conflict, and Cooperation», *ECSP Report*, n.º 10, 2004, pp. 60-66.

CIFRES GIMÉNEZ, E., «La presa de las Tres Gargantas en China y su declaración de impacto ambiental», *Revista de Obras Públicas*, n.º 3407, 2001, pp. 121-140.

CONDE, G., «Agua, poder y hegemonía entre actores estatales y no estatales en Turquía, Siria e Iraq», *Estudios de Asia y África* 52 (1), 2017, pp. 5-28

CONFEDERACIÓN HIDROGRÁFICA DEL EBRO, «El agua, placer y equilibrio», 1999.

CONSERVATION.ORG, «Why is this Area Important?», 2021, <https://www.conservation.org/places/greater-mekong>.

CRESPO MILLIET, A., «Un caso de estudio: las Américas», en *El agua: fuente de conflicto o cooperación, Cuadernos de Estrategia*, n.º 186, 2017, pp. 161-206.

ESPINOZA, Y., «El precio de represar los ríos del Tíbet», <https://www.amigosdeltibet.cl/el-precio-de-represar-los-rios-del-tibet/> (consultado el 3 marzo de 2025).

FAO, «El estado mundial del agua y la agricultura en el mundo», 2020.

FERNÁNDEZ-JÁUREGUI, C., «Introducción», en *El agua: fuente de conflicto o cooperación, Cuadernos de Estrategia*, n.º 186, 2017, pp. 11-19.

HIDALGO GARCÍA, M. M., «Las nuevas tendencias en la alimentación y sus implicaciones en la defensa», Ministerio de Defensa, Boletín IEEE, n.º 6, 2017, pp. 76-91.

—, «El agua del Tíbet: un recurso vital para China», en *Panorama geopolítico de los conflictos 2020*, Ministerio de Defensa, Boletín IEEE, 2020, pp. 51-82, <https://www.ieee.es/Galerias/fichero/docs_analisis/2022/DIEEEA12_2022_MARHID_Agua.pdf>.

—, «La Gran Presa del Renacimiento: entre la sed de Egipto y el desarrollo de Etiopía», Ministerio de Defensa, Boletín IEEE, n.º 19, 2020, pp. 7-20, <http://www.ieee.es/Galerias/fichero/docs_analisis/2020/DIEEEA23_2020MARHID_Renacimiento.pdf>.

IAGUA, <https://www.iagua.es/noticias/icex-espana-exportacion-e-inversiones/india-afronta-grandes-retos-suplir-creciente-demanda>, 2021 (consultado el 4 de junio de 2024).

KRAMER, A.; WOLF, A. T.; CARIUS, A., y DABELKO, G. D., «Cooperación y conflictos en torno al agua: claves para manejarlos», *Un mundo de ciencia*, 11 (1), 2013, pp. 1-12.

MONTERO BLANCO, M., «Las implicaciones del agua como recurso estratégico: escasez de agua y conflicto en el Sahel», Ministerio de Defensa, Boletín IEEE, n.º 18, 2020, pp. 574-587, <http://www.ieee.es/Galerias/fichero/docs_opinion/2020/DIEEEO35_2020MARMON_agua.pdf y/o enlace bie3> (consultado el 15 de abril de 2025).

MOSEN, D., ed., «Agua para la Alimentación, Agua para la Vida», Instituto Internacional para el Manejo del Agua (FAO), 2007.

NACIONES UNIDAS, «El agua, una responsabilidad compartida», Programa Mundial de Evaluación de los Recursos Hídricos, Unesco y Expo Zaragoza 2008, 2006.

NACIONES UNIDAS, *Water for People. Water for Life*, World Water Assessment Programme, Unesco, 2003.

RODRÍGUEZ, R., «La "siembra" del cielo», *El Confidencial* (10 de febrero de 2021), <https://www.elconfidencial.com/medioambiente/clima/2021-02-10/china-plan-control-clima-siembra-cielo-polemica_2944056/>.

SÁNCHEZ DE ROJAS, E., «Un caso de estudio: la cuenca del Nilo», en *El agua: fuente de conflicto o cooperación, Cuadernos de Estrategia*, n.º 186, 2017, pp. 207-258.

SÁNCHEZ SÁNCHEZ, J., «La desviación de las aguas del Danubio en

Eslovaquia: ¿Desarrollo económico o agresión medioambiental?», *Papeles de Geografía*, 11 (22), 1995, 183-201.

SUTER, M. «The Politics of Water: What We Know About the Grand Ethiopian Renaissance Dam», *Atlantic Council* (9 de febrero de 2019), https://www.atlanticcouncil.org/blogs/menasource/the-politics-of-water-what-we-know-about-the-grand-ethiopian-renaissance-dam/.

TARANCÓN, A., Y DEL VALLE, J., *Premoniciones: cuando la alerta climática lo justifica todo*, Barcelona, Rosamerón, 2023.

TERRA.ORG, «El mar de Aral bajo mínimos», <https://www.terra.org/categorias/articulos/el-mar-aral-bajo-minimos> (consultado el 15 de abril de 2025).

WATERBURY, J., *Hydropolitics of the Nile Valley*, Nueva York, Syracuse University Press, 1979.

XINHUA.NET., «China envía más agua potable a Maldivas» (9 de diciembre de 2014). Recuperado de: <http://spanish.xinhuanet.com/photo/2014-12/09/c_133841213.htm>.

Zhang y Li (2018)

Esta edición se ha compuesto con tipografías de la familia
Blacker Pro Text, una armoniosa revisitación de estilo clásico,
diseñada por Cosimo Pancini y Andrea Tartarelli.

Impreso en Romanyà Valls, Capellades, Barcelona,
octubre de 2025.